東方選書

# 中国の神獣・悪鬼たち

山海経の世界【増補改訂版】

伊藤清司 著
慶應義塾大学古代中国研究会 編

東方書店

# 増補改訂版の刊行にあたって

慶應義塾大学　古代中国研究会
（文責　原　宗子）

本書は、故伊藤清司慶應義塾大学名誉教授（一九二四〜二〇〇七年）が、一九八六年七月に初版を刊行された、同名の書の増補改訂版です。

故伊藤先生（本当に不肖の弟子どもで資格に欠けるかもしれないのですが、かつて御指導戴いた者たちの一人として、以下この拙文では「伊藤先生」と表記させていただきます）は、広く日中の古代史・民族学・民俗学諸分野に通じておいででしたが、中でも『山海経』の御研究は、ライフワーク的な意味を持っていたといえましょう。そのうち、本書は、『山海経』に見える「神獣・悪鬼」に絞って、難解な原典に登場する様々な「異形のモノ」たちを実に判り易く解説された、他に類例を見ない好著です。類書も稀であるためか、広範な読者の支持を得、四刷、五刷と刷を重ねてきましたが、流石に初版以来二十年以上の時が流れ、本書の内容に関る新発見・新研究も登場してきました。そこで版元・東方書店さんでは増補改訂版の刊行を企画され、伊藤先生の奥様・貞子夫人と、受講生の一人である原宗子とに御相談がありました。伊藤先生が生前、主催しておいでだった慶應義塾大学の〈古代中国研究会〉は、『山海経』自体を講読した経験は無いのですが、『呂氏春秋』『国語』『逸周書』そして現在の『穆天子伝』と、〈神獣・悪鬼〉が様々に登場する文献の講読を続けてきていました。二〇〇七年六月十六日の御逝去後、伊藤先生の大学での後任であられる桐本東太教授が代表として主催しておいでで、最近では『山海経』とも非常に関係の深い『穆天子伝』の訳注作業を進めていたのですが、桐本教授が一時期ご健康を害しておいでだったこともあって、原宗子が御相談を受けることになったようです。

この企画は無論有意義なことですから、貞子夫人のご賛同を得て、〈古代中国研究会〉（以下、当研究会と致します）としてお引き受けしよう、ということになりました。

増補改定を、どのように行うかを検討した結果、本文の改定は、最少限度の誤植・誤記訂正等に留め、初版以降の研究状況の変化・発展については、〈補論〉をもって充てよう、との方針を定めたのです。

そこで、本書の校正作業は、当研究会のメンバーである矢島明希子（慶應義塾大学大学院文学研究科博士課程在学中）と原宗子とが手がけました。他のメンバーのうち、出版事業全般については斎藤道子（東海大学文学部教授）が、また初版刊行以降の関連研究や図版の出典については桐本東太・水野卓（慶應義塾大学講師）らも、助言してくれました。初版当時とは、印刷業界のコンピュータ利用事情も変化しており、いわゆる「外字」処理が不可欠な中国古典を扱った書として、少しでも見易くなっていれば幸いです。

また、初版発行後の研究状況は大きく変化しています。まず、『山海経』を主題として刊行・発表された、書籍・論文を、発表の年代順に示しておきましょう。

◈書籍

中国では、豊かになった人々の「娯楽」として、一種のオカルトブームといった風潮も生じているようで、『山海経』を素材とした図録の類いは、夥しく出版されていますが、学術的に検討している書物の中では、以下のものが注目されます。

①馬昌儀『全像山海経図比較』（学苑出版社、二〇〇三年）
②郭郛『山海経注証』（中国社会科学出版社、二〇〇四年）
③葉舒憲等『山海経的文化尋踪——〝想像地理学〟与東西文化碰触——』（湖北人民出版社、二〇〇四年）
④沈海波『《山海経》考』（文匯出版社、二〇〇四年）
⑤扶永発『神州的発現：《山海経》地理考（修訂本）』（雲南人民出版社、二〇〇六年）

⑥文清閣編委会編『歴代山海経文献集成』（西安地図出版社、二〇〇六年）
⑦張春生『山海経研究』（上海社会科学院、二〇〇七年）
⑧黄懿陸『《山海経》考古――夏朝起源与先越文化研究』（民族出版社、二〇〇七年）

このうち、②は、『山海経』の〈神獣・悪鬼〉に古代のトーテミズムの片鱗を見る小川琢治『支那歴史地理研究初集』（弘文堂、一九二八年）以来の発想を広範囲に展開したもので、本書が極めてストイックに、〈神獣・悪鬼〉を、原典の文字のままに描いてあるのとは対照的な、いわば現代的理解といえましょう。⑤は、後述するように、日本での昨今の研究に多い『山海経』に地理的記録としての意義を考察する立場からのものですし、⑧は、近年活発化している考古学的発見の面から、『山海経』の記述を再検討している書といえます。

日本で出版された単著には、

⑨松田稔『「山海経」の基礎的研究』（笠間書院、一九九五年）
⑩徐朝龍『三星堆　中国古代文明の謎――史実としての山海経』（大修館書店、一九九八年）
⑪松田稔『「山海経」の比較的研究』（笠間書院、二〇〇六年）
⑫松浦史子『漢魏六朝における『山海経』の受容とその展開――神話の時空と文学・図像――』（汲古書院、二〇一二年）

などが挙げられます。松田氏の二著⑨⑪は、表題は控え目ですが網羅的な研究で、⑨では成書事情などに深入りすることなく、『山海経』に記された内容を項目別に整理し、「山経が日常生活において……必要な資源を求めたり巫術を行ったりする巫が必要とした知識」を内容としているのに対し、「海経では……辺地に関する非日常的な知識を得るためのもの」であった、と見ています。そして「公的性格は弱く、民間的色彩の濃厚なもの」とも述べておいでです。同書の目的とするところは、書中に示した分析結果を、やがて「少数民族の伝承する神話伝説との比較検討」や、「神話学的・民俗学的考察へと拡げる」ことにあるようです。⑪では、中国古典のうちの『尚書』『列子』『呂氏春秋』『淮南子』『楚辞』と『山海経』との比較検討と、それらの書にも登場する鳳凰や精衛に関する伝承の分析とが考察されています。

⑩は、日本でも公開されて大きな反響を生んだ四川省〈三星堆〉遺跡からの出土物を、『山海経』に描かれた事物や思想と関連深いものと見て立論した、意欲的な概説書です。

最も新しい⑫は、表題通り、郭璞以降の諸注、ことに南朝・宋に生まれ、宋・齊・梁三朝に仕えた江淹を中心に、後世の人々が『山海経』をどう受容してきたかを取り纏めた研究書です。

◈論文

個別論文は日本語のものに限って挙げることにしますと、

(1)小南一郎「『山海経』研究の現状と課題」(『中国―社会と文化』第二号、東大中国学会(現・中国社会文化学会)、一九八七年)
(2)竹内康浩「海外諸経の成立――「山海経」現行本の成立の問題について2」(『史流』第三一号、北海道教育大学史学会、一九九一年)
(3)桜井龍彦「『山海経』注にみえる郭璞の「変化」論」(『中京大学教養論集』第三四巻第三号、一九九四年)
(4)竹内康浩「『初学記』と『山海経』」(『史流』第三四号、一九九四年)
(5)桜井龍彦「郭璞『山海経』注の態度」(『中京大学教養論叢』第三四巻第四号、第三五巻第一号、一九九四〜一九九五年)
(6)阪谷昭弘「『山海経』鍾山条についての一試論」(『学林』第二一号、立命館大学中国芸文研究会、一九九四年)
(7)大野圭介「『山海経』海内四経の成立」(『富山大学人文学部紀要』第二八号、一九九八年)
(8)阪谷明弘「『山海経』四方神考」(『学林』第二八・二九号、一九九八年)
(9)大野圭介「『山海経』大荒・海内経原始」(『富山大学人文学部紀要』第三〇号、一九九九年)
(10)阪谷昭弘「『山海経』「海経」の誅罰説話をめぐって――「夭」「壽」「聖人」の概念について」(『立命館文学』第五六三号、二〇〇〇年)
(11)川崎晃「古代史雑考二題――山海経と越中・能登木簡」(『高岡市万葉歴史館紀要』第一〇号、二〇〇〇年)
(12)寺沢友里「古代中国の妖怪――『山海経』を中心に――」(『長野国文』第八号、二〇〇〇年)
(13)大野圭介「『山海経』海外四経原始」(『富山大学人文学部紀要』第三三号、二〇〇〇年)

(14) 大野圭介「爰に理想郷有り——『山海経』と『穆天子傳』の「爰有」」（『興膳教授退官記念中国文学論集』汲古書院、二〇〇〇年）
(15) 森和「『山海経』五蔵山経の世界構造」（『史滴』第二二号、二〇〇〇年）
(16) 竹内康浩「『初学記』と『山海経』（下）」（『史流』第四〇号、二〇〇一年）
(17) 森和「『山海経』五蔵山経における山岳神祭祀」（『日本中国学会報』第五三集、二〇〇一年）
(18) 桐本東太・長谷山彰「『山海経』と木簡——下之西遺跡出土の絵画版をめぐって——」（『史学』第七〇巻第二号、二〇〇一年）
(19) 立石廣男「郭璞の音注について（三）《山海経》全音注資料」（『研究紀要』〈日大文理〉第六三号、二〇〇二年）
(20) 張競「動物幻想とその表象類型——『山海経』の幻想動物の形態的特徴をめぐって——」（『明治大学教養論集』第三六三号、二〇〇三年）
(21) 竹内康浩「『山海経』五蔵山経の天下・国・邑」（『東方宗教』第一〇八号、二〇〇六年）
(22) 武部健一「『山海経』研究の意味するもの」（『成城国文学』二二号、二〇〇六年）
(23) 武部健一「『山海経』研究の歴史とその現代的意義」（『成城国文学』二三号、二〇〇七年）
(24) 吉本道雅「山海経研究序説」（『京都大学文学部研究紀要』四六、京都大学、二〇〇七年）
(25) 臼倉直樹『山海経』の形成過程及びその性質（『立命館文学』第六〇六号、二〇〇八年）
(26) 大野圭介「『山海経』五蔵山経と『管子』」（『富山大学人文学部紀要』第四九号、二〇〇八年）
(27) 下西紀子「Digital Map を活用した『山海経』五蔵山経の成立に関する考察——「五蔵山経」の地

理情報の可視化に基づく検証――」（Core Ethics Vol.8、二〇一二年）

⑺・⑼・⒀・⒁・㉖などを御発表の大野圭介氏は、またインターネット上で主催されているホームページ「朴斎主頁」http://www.hmt.u-toyama.ac.jp/chubun/ohno/ に、科学研究費の成果である「『山海経』の成立と流伝に関する基礎研究」も公表しておいでです。

⑵・⑷、⑺・⑼・⒀、㉔、㉕などは、諸説並立している『山海経』の成立事情について、それぞれの論を展開されたものですが、このうち⑼は、海経の葬地系記事、理想郷系記事、穆天子傳、西次三経という発展図式を提示したものです。これを批判された㉕臼倉論文では、それまでの研究を検討された上で「本論は『山海経』を構成する各篇の成立時期と性格を解明することを目的としたい。」として、「五蔵山経よりも海内四経が先行し、海内四経よりも大荒四経のほうが先行する。海外四経よりも大荒四経のほうが先行し、海内経と大荒四経は同時期の成立であると考えられる。加えて、大荒四経と海内経は『呂氏春秋』以前、前三世紀前半において形成され、他の各篇もそれに引き続いて作成され、最終的な成立は五蔵山経が成立する下限として想定した前二世紀初頭前後と考えられる。」と、思い切った結論が示されています。

また、最新の成果といえる㉗は、Digital Mapという斬新なツールを活用することによって、「『山海経』が図解書であったことを重視し、『山海経』五蔵山経の地理情報の可視化、つまり再現図の作成という手段をもって「五蔵山経」の考察を試みるもの」と述べ、西域に及ぶその叙述範囲を推定した意欲的論文ですが、例えば(24)で、「それらの相対的位置関係に依拠した地名比定に有効性を認めることはほとんど困難であるといわざるを得ない。」とのご意見がある『山海経』の地名分析に関し、新しい一頁が開かれているようです。

以上のような、昨今の研究状況に鑑み、本増補改訂版への補論としては、矢島と、やはり当研究会メンバーで上記の通り『山海経』研究者としての専論も発表している森和（成城大学民俗学研究所研究員）とが執筆しています。

森補論は、特に、近年著しく増加している出土資料と、『山海経』との関係を中心に解説したものですし、矢島補論は、近年書籍⑨・論文(23)等でも検討され、また、本書初版本出版以前に発表された松岡正子「形天――『山海経』における「尸」と「舞」について――」（『中国詩文論叢』第二集、一九八二年）や同「『山海経』西次三経と羌族」（『中国文学研究』第一二期、早稲田大学中国文学会、一九八六年）などでも、鳳凰など鳥に関する検討は進んでいるにも拘らず、鳥の形をしていながら未だ明確な言及の少ない帝江という神と舞踊との関係について、伊藤先生の御研究を補足しています。

本書は、森補論・矢島補論でも言及されているように、『山海経』の叙述構造について、人々が生活拠点とする村落共同体「内なる世界」に対して、その外側に広がる、神怪が住まい、薬物・呪物などの財物が蔵されている山岳丘陵・叢林や川沢を「外なる世界」と呼んでいるところに特徴があります。

そして、「内なる世界」の住人が「外なる世界」に出かけるに際して、或は「外なる世界」のモノ達が「内なる世界」に侵入してきた場合、本書一〇七～一一四頁に述べられているように、それがもたらす災厄を避ける方法として、怪神に宥恕を請う祭祀を行うか、威嚇して撃退する必要がありました。「相手の名を掌握するということは相手を」「意のままにすること」という古代思想が生きていた時代、そのために、その妖怪・鬼神を正確に認識する必要があり、『山海経』の山経部分(おそらく図を伴っていただろう、ともされていますが)、或は今は失われた『百鬼録』とか『九鼎記』のような「山川の『悪紳士録』」が著されたのだと述べられています。

が、森補論でも紹介しているように、戦国秦の後期になると、「外なる世界」の様子を具体的に示した地図が出現していて、まさに本書初版が刊行された一九八六年に発見されたのが、甘粛省天水市放馬灘から出土した四枚の木の板の裏表に描かれた七種(うち一枚には片側のみ図がある。またうち二枚は他の図の一部拡大図)地図です(図1・2、甘粛省文物考古研究所編『天水放馬灘秦簡』中華書局、二〇〇九年による)。川筋に沿って地名や樹木の名前が記されているのですが、そこには「神獣・悪鬼」の記録は見えません。出土した墓に埋葬されていた人物が官吏であることからも、この地図がいわば公的な行政用の記録であることが推定されますが、山川の生み出す木材・鉱物などの資源を利用するための見取り図的なものとして作成されたと考えられます。また描かれているのは、現在の天水市の一部で、幾つもの丘陵と長江の上流にあたる何本もの川筋が交錯する一帯、現在でも山深い土地（麦石山付近）ということも考証されています（写真）。

いわば「外なる世界」の戦国秦時代における実際的描写が出現した、ともみなしうるのです。ということは、「外なる世界」が「内なる世界」の住人によって開発され始めていたことを意味

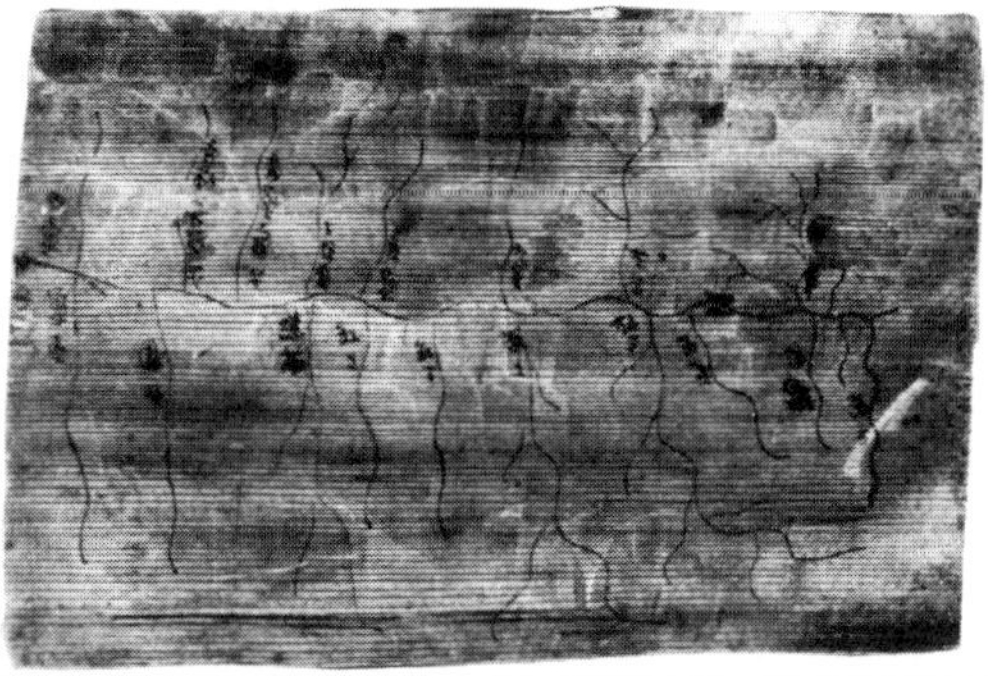
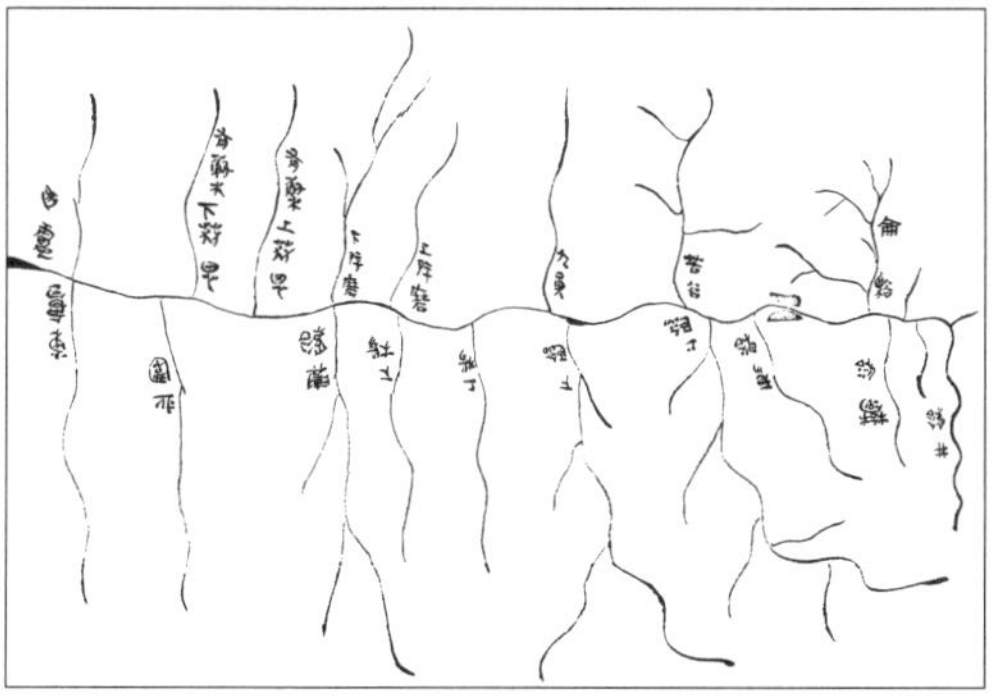

（上）図1…放馬灘1号墓出土地図M21-A　（下）図2…図1の模写図

写真…甘粛省麦石山付近の丘陵群（二〇〇一年原宗子撮影）

するわけでしょう。当研究会の古い参加者の一人でもある村松弘一の「中国古代の山林藪澤――人間は自然環境をどう見たか」(『学習院史学』四三号、二〇〇五年)は、『山海経』に直接言及はしていませんが、山林藪澤を恐怖の対象、つまり「外なる世界」と捉えていた時期から、開発の対象と捉える時期への変化について論じています。

この天水付近は、元来、春秋時代初めに秦を建国した一族が、関中に進出する以前の根拠地にしていた場所のようで、秦族が天水に居た頃は馬などの牧畜に従事していた、との伝説もあります。また、秦の支配する領域の中には、定着農耕民とはみなし難い、つまり必ずしも「内なる世界」の住民とはいいがたい勢力、例えば〈義渠〉と呼ばれる集団などが、戦国時代になっても秦の都・咸陽の近くに残存していました。ですから、先に挙げた近年の研究のうち、書籍②や論文(23)が、『山海経』に記された「異形のモノ」たちを、大枠としては「外なる世界」を生活空間としていた人々に関する記述、と見ているのも、あながち無理とはいえないでしょう。

伊藤先生ご自身、その深く幅広い民族学の御研究は、やがて『山海経』研究と結びついて、「神獣・悪鬼」として本書で描写されたものたちの当時における現実の姿に言及される計画もおありだったと思われます。

それを私たちが眼にすることはもはやできませんが、本書増補改訂版を通じて、〈伊藤『山海経』ワールド〉と、その先に見えるものとを、多くの方に味わっていただければ、幸いです。

目次

# I

# 文明社会の内と外

## ◈「外なる世界」

中国の古代社会は滔々《とうとう》と流れるあの大黄河の流域を中心に発達した。はじめ集落はその大河のほとりではなく、主としてその支流の河岸段丘や山麓などに営まれていった。それらの集落は邑《ゆう》とよばれ、はじめは同一血族が家族ごとに分れて暮らす血縁の共同体であったと推測されている。彼ら共同体の人びとはたがいにブタやヤギなどの家畜を飼い、邑に隣接する野や林を拓《ひら》いた田《でん》(耕地)で、主食のアワやキビなどを作って暮していた。彼らはときには連れだって近くの丘や森に出かけていって、小動物を捕えたり、川や沢で魚貝類を採ったりすることもあったけれども、その邑と田からなっている生活空間こそが当時の人びとの小宇宙であり、「内なる世界」であった。

その「内なる世界」の外側には、うっそうとした昼でも暗い森林や藪、あるいは不気味なばかりに静まりかえった沼沢、そしてはてしない原野が拡がっており、そのかなたに山岳がそびえている別の世界があった。その「外なる世界」は野獣や猛禽《きん》が跳梁《ちょうりょう》し、蝮蛇《まむし》が横行するおそろしい「野生の空間」であった。『淮南子《えなんじ》』に、昔は「猛獣は顓《せん》民(良民のこと)を食い、鷙《し》鳥(猛禽)は老若を攫《さら》う」(覧冥訓《らんめいくん》)といい、また『韓非子』に、「上古の世、人民少なくして、禽獣衆《おお》し。人民は禽獣虫蛇に勝てず」(五蠹《ごと》)とあるように、人びとはつねに日頃、その「外なる世界」の侵略者らに脅かされつづけていた。

　こうした状況は村落共同体がしだいに発達膨張して、大きな邑が形成されるようになった春秋・戦国時代（紀元前八〜前三世紀）になっても、あまり変らなかった。人びとは依然として、まわりの「野生の空間」から出没する獰猛《どうもう》な禽獣や隠湿な毒蛇に悩まされつづけていた。「外なる世界」は危険に満ちた「負《ふ》の空間」だったのである。

### ◈「苛政《かせい》は虎よりも猛《たけ》し」

　孔子（前五五一〜前四七九年）が泰山《たいざん》（山東省）の麓の邑を通ったとき、墓の前で声を出して泣いているひとりの寡婦《かふ》に出遇った。その哭《な》きようがただごとではない。孔子が近よってそのわけをたずねると、家の者が虎に咬《か》み殺されたという。しかもそれはひとりだけではなかった。以前に、まず舅《しゅうと》が咬み殺された。その後になって、夫が襲われて死に、さらにこんどは、わが児までが喰い殺されてしまったという（『礼記《らいき》』檀弓《だんぐう》下）。

　この悲劇を知った孔子は「そんなに危険なところならば、なぜ、よその土地に移らないのか？」と、その寡婦に重ねて訊ねた。すると、その婦人は、

「苛政《かせい》（苛酷な政治）無ければなり」

と答えた。孔子はこれを聞いて、さっそく弟子たちに、

「苛政は虎よりも猛し」

と一席教訓をぶった。この話は儒家一流の王道主義的臭気が芬々《ふんぷん》としている。草深い邑里の寡婦が「苛政無ければなり」などと、たいそうなことをいったとは、とても考えられない。その村落は父祖伝来の地であり、顔なじみばかりの同族集団の「内なる世界」なのである。

「みんないい人たちばかりです。ここから離れるつもりはありません。」

寡婦の返事はせいぜいそんなものだったにちがいない。それが実際の人情というものだ。「苛政云々」は儒家たちのお得意の拡大解釈だったのであろう。その寡婦にとっては虎は何にもまして怖い、そして憎い存在だった。だからこそ、彼女は人目もはばからず大声で哭いていたのである。

## ◈野生の空間

こうした悲劇はけっして泰山の麓のその村落だけの悲劇ではなかったはずだ。「内なる世界」から一歩外へ出ると、そこは生命を脅かす危険の充満する世界だった。

晋の国の平公(前五五八〜前五三二年在位)が供の者を従え、車馬を駆って野に出かけたとき、乳虎、つまり乳飲み児をつれた牡虎に出喰《く》わした。そのときはたまたま、虎のほうがなぜか尻ごみをし、とびかかって来なかった。おかげで、平公はその危機をまぬかれた。児づれの母虎は、昔からもっとも殺気だった危険なもののたとえにされている。平公は運がよかったというほかはない(『説苑《ぜいえん》』弁物)。

斉国の桓公(?〜前六四三年)も馬にのって外出の途中、猛虎に遭遇し、平公と同じような恐しい体験をしたという話が伝えられている(『管子』小問)。このように、猛虎に出あいながら、その襲撃をまぬかれたことが評判になるということは、それだけ虎に出あったらたいていはおしまいで、たちまち、その餌食となるのがおちだったことを物語っている。

蛇もまた人びとを悩ます陰険な外敵であった。その昔、人びとの交わす日常の挨拶は「它《だ》無きや」であり、毒蛇の被害の有無を語って、たがいの安否を確かめあうことであった。この陰性の刺客は「内なる世界」に忍びこみ、不意を襲って人びとを毒殺し、家畜を掠《かす》め、あっという間に姿をくらますのであった。

## ◈『山海経』とは何ぞや

古代の中国の「外なる世界」を問題にする場合、欠かすことのできない文献がある。それは

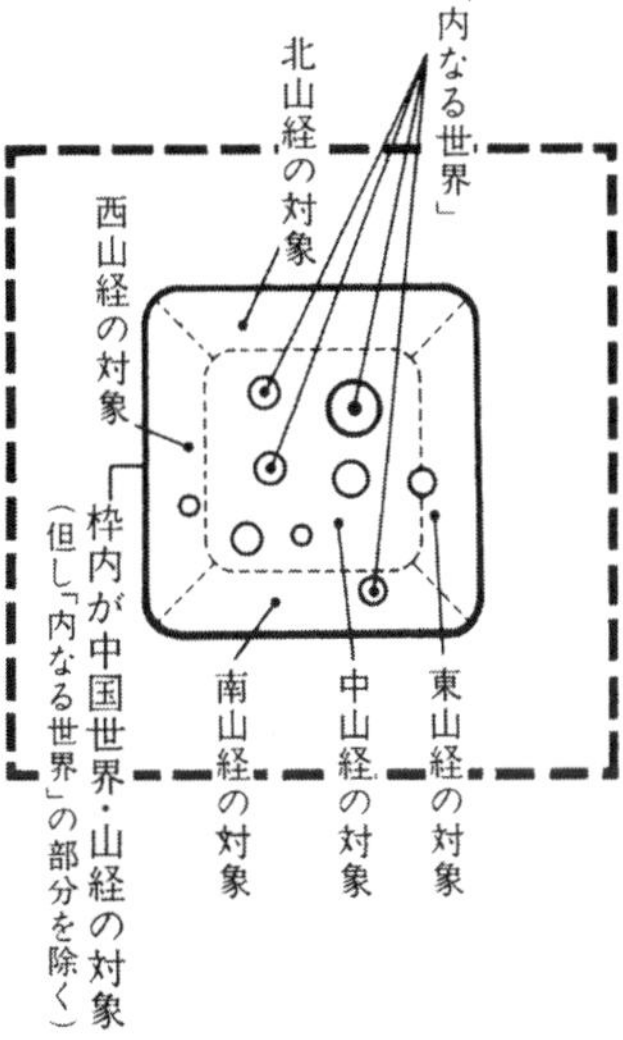

図…非中国世界・海経の対象

『山海経』である。わが国では古来、センガイキョウと呼びならわしている。この文献はいつごろ、誰によって書かれたか、来歴の不明な古書である。世に知られるようになったのは漢代からで、司馬遷は『史記』のなかで、この書名をあげている。前漢末の劉向《りゅうきょう》・劉歆《りゅうきん》父子が整理し、解題(これを叙録という)をつけたおかげで、この書の体裁がととのった。いずれにしろ、『山海経』の原形はおそくとも秦漢時代以前に生れたものと考えられる。

『山海経』は晋代に郭璞《かくはく》が注釈をつけたていどで、あまり読まれず、問題にもされずに、なん世紀もの間、放置された。明・清時代になって、汪紱《おうふつ》・畢沅《ひつげん》・郝懿行《かくいこう》らがこれをとりあげて、それぞれ注釈を加え、ようやく問題にされるようになったが、長い間、多くの学者たちから荒唐無稽の書だとして、うとんじられてきた。現実主義に立ち、実利と人間性《ヒューマニズム》を重んじる中国の学問的伝統からみれば、『山海経』の内容はたしかに非現実的で、あり得べからざる非人間的世界が描かれているように思われる。だが、そう見えるのは、この書物のとり扱っている対象が非人間的世界、つまり「外なる世界」であったからである。

「外なる世界」を対象としている『山海経』は大別して、山経と略称される前半と海経と総称される後半の二つの部分から構成されている。そのうち、山経は人びとの暮らす「内なる世界」の外である山岳丘陵・叢林や川沢のひろがる空間をとり扱っている。つまり、当時の中国世界の中の、人びとの生活領域以外の空間が山経の対象である。そしてこの「外なる世界」は南西北東および中央の五つのブロックに分けられ、それぞれが南山経・西山経・北山経・東山経ならびに中山経の五篇に収められている。

これにたいし、海経は海外・海内・大荒の各東西南北の四経と海内経一篇の合計十三篇からなっている。山経とは体裁も記述形式もちがい、したがって、成立の事情も時期も山経とは異なると考えられる。その内容も複雑で一貫性に欠け、一部に神話的世界などを含んでいるが、主として中国世界の外側にひろがる非中国的異族の世界がとり扱われている。山経と海経の対象とする世界を図示すれば五頁の図のとおりである。このうち、山経の対象とした空間が、ここで問題にしようとしている「外なる世界」そのものなのである。「外なる世界」を問題にするうえで、『山海経』が欠かすことのできない文献だというのはこのためだ。ただし、いうまでもないが、ここで主として利用されるのは『山海経』のなかの山経五篇のほうである。海経十三篇は別の問題を扱うときに重要な資料となるが、ここでは副次的に参考とするにとどめる。

### ◈「外なる世界」と『山海経』

うえにのべたように、「外なる世界」には山岳がそびえ、その裾野には叢林や荒野がひろがり、山中に源を発した河川がその間を流れくだっている。山経はこうした空間を対象とし、まず、その中核を占める山岳の名と、そこから流れる河川の名とを記録している。

例をあげよう。

また（少咸山《しょうかんざん》から）北二百里を獄法《ごくほう》の山という。瀤沢《かいたく》の水はここより出《い》で東北に流れて泰沢《たいたく》に注ぐ……

（北山経次一経）

これらの山川の名のなかには、今日ではすでにすたれて伝わっておらず、現在のどの山岳や河川に当るかを確認できないものもあるが、その比定が確定できるものや、推定のできる山川も少なくない。畢沅の注釈書『山海経新校正』はそれらの地名の比定にすぐれた成果をあげている。つまり、この古書は一部の学者のいうような、捏造された架空の作品ではけっしてない。

山経は山と川を中心に記述されているが、ここでは、川はあくまでも山岳の従属的存在としてとりあげられている。なぜなら、河川は源を山中に発するからで、山岳が河川の母胎であると考えられているからである。『山海経』の前半五篇を山経と俗称し、山川経と呼ばないのは、この山主川従の観念のあらわれである。

山経は山岳や川沢の名を誌したあと、そこに繁茂し、あるいは棲息する植物や鳥獣の名とその属性を記録し、また、そこに産出する鉱物・玉石類の名称などを誌している。そのため、この書を古来、地理書だとか博物誌だとする見解もあった。しかし、『山海経』の記載がこのような内容にとどまるならば、荒唐無稽の書などと蔑視され、疎外されてきたはずはない。

じつは山岳や川沢には超自然的存在が巣喰っており、それらはきわめて強烈なインパクトを「内なる世界」にもたらしていた。それら超自然的存在のことを記録しているために、『山海経』

は信じられないことを綴った荒唐無稽の書という烙印《らくいん》をおされてきたのである。だが、この点については今は触れない。あとでおいおいとりあげていくであろう。

山経はひとつの山岳とその裾野にひろがる空間をひとつの単位としてとり扱い、それをいくつか連ねてひとつのグループとしている。この山群をひとまとめにした記録を次篇と名《な》づけている。たとえば、南山経の第二のグループを南山経次二経と呼んでいる。南山経と北山経がそれぞれ三つの次篇、西山経と東山経が各四つの次篇、そして中山経が十二の次篇に細分されている。ただし、各次篇に含まれている山岳の数は次篇ごとに一定していない。たとえば、東山経次四経は八つの山岳を、これにたいして中山経次十一経は四十八の山々をそれぞれ含んでいる。これらの山岳数の多寡のちがいは、おそらくそれぞれ一連の山脈や山塊ごとにまとめて一つの次篇を作った結果であろう。

さて、話の筋をふたたび危険に満ちた「負の空間」としての「外なる世界」にもどそう。この「外なる世界」を記録している山経は、山林や藪沢に人びとを脅かす猛獣や蝮蛇が横行していることを随所に誌している。例をあげよう。

また（堯光《ぎょうこう》の山より）東三百五十里を羽山《うざん》という。……草木なく蝮虫多し。
（南山経次二経）

（高山より）西南三百里を女牀《じょしょう》の山という。……虎・豹《ひょう》・犀《さい》・兕《じ》多し。
（西山経次二経）

（景山より）東北百里を荆山《けい》という。その中に犛《り》牛多く、豺・虎多し。（中山経次八経）

このような野獣や毒蛇が横行したり、出没したりするのは、人里を遠く離れた辺境の山間や草深い田舎に限ったことではなかった。東周時代の都のあった洛水《らくすい》や伊《い》水の流域でも事情はあらかた同じだった。これらの河川の流域の邑をとり囲んでいる「外なる世界」は、「狐狸の居る所、豺狼の嘷《ほ》ゆる所」（『左伝』襄公十四年の条）であった。そのため「内なる世界」はかれらに作物を喰い荒されたり、家畜を襲われたり、さらに人命すらも奪われる危険にいつもさらされていたのである。

### ◈禽獣との苦闘

だが、人畜に危害を加え、作物を荒らす野獣猛禽や蝮蛇はまだましであった。火を放って山野を焼きはらえば逃げ匿《かく》れたし、弓矢を用い、罠《わな》をしかければ、ときにはしとめることもできた。そしてそれを捕えて飼い馴らすことをすれば、「内なる世界」の秩序の内に組みいれて、活用することすら可能であった。人びとはこのようにして野生の敵と闘いながら、「内なる世界」の秩序を維持し、さらにその発展のために、その空間の拡大に努めた。このような歴史の断面はつぎの『孟子』の一節に見ることができる。ただし、文中の堯《ぎょう》とか舜《しゅん》、あるいは益などという古聖王や賢臣をあらわす仰々しい固有名詞にこだわる必要は毛頭ない。その中に邑の開拓膨張期の普遍的な姿を認めていただければそれでよい。

堯のときに当り、天下なおいまだ平らかならず……艸木暢茂《そうもくちょうも》（草木が繁茂）し、禽獣繁殖し、五穀登らず（その被害のため穀物は収穫できない）。禽獣は人に偪《せま》り（人里に近づき危害を加える）、獣蹄《てい》鳥跡《せき》の道、中国に交わる（鳥獣が「内なる空間」のいたるところに出没する）。堯はひとりこれを憂え、舜とともに敷き治める（舜を登用して政治に当った）。舜は益をして火を掌《つかさど》らしめ（益稷《えきしょく》を山沢＝「野生の空間」を担当する虞《ぐ》官に任命し）、益は山沢を烈《もや》してこれを焚《た》く。禽獣は逃がれ匿《かく》る。（滕《とう》文公上）

# II

# 祟りの悪鬼

# 一──人を喰う妖怪たち

## ◈人を喰う妖怪群

野生の鳥獣や毒蛇は「内なる世界」の秩序をかき乱す大敵であった。だが、「野生の空間」にはそれらよりもはるかに怖しい物が巣くっていた。鳥であって鳥でなく、獣にして獣にあらずという妖《あや》しげな存在であって、野生の動物のようには追い払うことも捕えることもできない。たとえば、空中を飛びまわる怪蛇がそのひとつであった。『山海経』の山経に、

柴桑《さいそう》の山……白蛇・飛蛇多し。（中山経次十二経）

とある。晋の郭璞《かくはく》は、飛蛇とは雲を興し、霧に乗って飛翔する神蛇であろうと注釈したように、まさしく、それらは並みの蛇ではなかろう。それに、もう一方の白色の蛇もまた不気味な存在である。白蛇や飛蛇が柴桑山麓の村びとをどのように脅かしていたか、山経はそこまでは記録して

いないが、きわめて不気味で、危険な存在であったろう。

北号山に棲む鬿雀《きじやく》は鳥とはいいながら、まことに奇怪《きっかい》な鳥であった。山経によれば、

……鳥あり。その状は雞のごとくにして白き首・鼠の足、虎の爪なり。その名を鬿雀という。また人を食う。（東山経次四経）

という。鋭い爪で人を攫《さら》って喰うのだ。この怪鳥の名を鬼偏《へん》で表記したのも、それが妖怪だとする人びとの畏怖心を物語っている。

人を襲って啖う妖怪はもちろん、上空から飛来する怪蛇や怪鳥ばかりではない。山野には見るも恐しい異様な姿の妖獣群が彷徨し、村々をうかがっていた。北号山には上掲の鬿雀とともに猲《かっ》狙《しょ》という怪獣がいた。

……獣あり。その状は狼のごとく、赤き首・鼠の目、その音は豚のごとし。名《な》づけて猲狙という。これ人を食う。（東山経次四経）

## ◈赤児の声で鳴く妖怪

邽山《けいざん》に棲む窮奇《きゅうき》も人を喰うグロテスクな怪獣だ。

……その状は牛のごとくにして蝟《い》（はりねずみ）の毛あり。名《なづ》けて窮奇という。音は獆《ほ》える狗のごとし。これ人を食う。（西山経次四経）

『山海経』の海経の一節に、

窮奇の状は虎のごとし。翼あり。人を食うに首より（一説に足より）始む。（海内北経）

とある。郭璞はこの両者は同じ怪獣に関する伝承を別々に記録したものだとみている。とすれば、この両方の属性を兼ねもつ窮奇はいよいよグロテスクな怪物だ。犬がはげしく吠えるようなその声は、邽山地方の人びとを、さぞ震えあがらせていたことであろう。

鉤吾《こうご》山の狍鴞《ほうきょう》（図1）は窮奇以上に異様な姿の怪物である。

鉤吾の山……獣あり。その状は羊身。人面のごとく、その目は腋《わき》の下にあり。虎の歯、人の爪あり。その音は嬰児のごとし。名《なづ》けて狍鴞という。これ人を食う。（北山経次二経）

一見、人間のような顔をもつ羊のようで、しかも、赤ん坊の泣くような声で鳴くというが、じつはそれが曲者《くせ》だ。もし、その声を耳にしたら、さっそく逃げ隠れなければならない。つい気を許して声のする方に近づこうものなら、たちまち襲いかかってきて、啖《く》い殺されてしまう。

「外なる空間」には、狍鴞のように、なぜか嬰児のような声をあげる怪物が多い。少咸《しょうかん》山の窫《あつ》窳《ゆ》もまたそのひとつである。

少咸の山……獣あり。その状は牛のごとくにして赤き身、人面、馬足なり。名《なづ》けて窫窳という。その音は嬰児のごとし。これ人を食う。（北山経次一経）

### ◈山の怪・九尾の狐

怪物が赤ん坊のような声を出すのは、人間の情に訴えて欺《あざむ》こうとしているにちがいない。じつ

図1…狍鴞

図2…蠪姪

は、実体はその声とはうらはらに、みなおどろおどろしい怪物であって、人間を貪り喰おうとしているものばかりだ。鳧麗《ふり》山の蠪姪《りょうしつ》(図2)もその代表的なひとつである。

鳧麗の山……獣あり。その状は狐のごとくにして九尾・九首、虎の爪なり。名《な》づけて蠪姪という。その音は嬰児のごとし。これ人を食う。(東山経次二経)

『広韻』という宋代の字書に、蠪姪は「九尾、虎爪。音は小児のごとし。人を食うとあり、頭が九つあるとはいっていない。もし、『広韻』のいうとおりだとしても、尻尾が九本とは、これはただの狐ではない。げんに九尾の狐は『山海経』にも、他の文献にも登場しており、それらは奸佞な女に変身して、人を欺く妖しい存在である。鳧麗山中に九首で九尾の狐がいるという山経の記録を頭から否定してしまうわけにもいかない。当時の「外なる空間」には、身の毛のよだつような怪物が多いのだ。あとからぞくぞく登場する怪物のように、多頭の鳥もいれば、複数の首のある獣もいる。じっさい、古代の壁画や画像石・画磚上にも、そのような多頭の鳥獣の姿がしばしば認められる。鳧麗山に九首・九尾の妖狐がいるという記録もあながち筆の誤りとはいえないようだ。

◈美姫に化ける九尾の狐

青丘山に巣くう怪物は九尾の妖狐である。

青丘の山……獣あり。その状は狐のごとくにして九尾、その音は嬰児のごとし。能く人を食う。

（南山経次一経）

青丘の狐は形が狐のようでも正体はただの野獣ではない。九本の尻尾とはこれが妖怪であるこ

（上）図3…九尾の狐　山東省嘉祥県洪山漢画像刻石（右端）
（下）図4…那須野の殺生石

とのシンボルである。

十八世紀の妖怪学者ビュフォン伯爵の定義によれば、妖怪とはその身体の過剰によるもの、たとえば、角が四本もある牛。欠如によるもの、たとえば、脚が一本しかない鳥。そして身体部位の錯誤・転倒した配在によるもの、たとえば、目が腋の下についている羊——に分類できるという。つまり、「内なる世界」に住むものとは異なる姿をした異類性の持ち主、それがつまり、妖怪たちなのである。

青丘の狐は尾が八本も過剰についている。まぎれもなく妖怪だ(図3)。この九尾の狐は後世になると、「太平ならば則ち出でて瑞をなす」といわれ、めでたい神獣とされるようになる。それは漢代におこった祥瑞思想(人の善美な行為に応じて、天神がめでたいしるしを降すという思想)の発達にともなう青丘の狐の分身である。しかし、九尾の狐はいっぽうでは奸佞な美女に身をやつし、妲己《だっき》となり、褒姒《ほうじ》に化けた。殷の紂王《ちゅう》はそれに惑わされ、周の幽王はそれに現《うつつ》を抜かして国を亡ぼしてしまった。それればかりではない。その妖狐は日本に渡って鳥羽帝《とばのみかど》を悩ます玉藻《たまも》の前となり、のち、東国下野《しもつけ》(栃木県)の那須野が原で討たれて、殺生石と化した(図4)。むしろ、これらの妖狐としての方が青丘の九尾の狐の正統な末裔なのだ。本来の九尾の狐は好んで人を喰う妖怪だったからである。

## ◈角《つの》は妖怪の表象

こうした妖怪をあげていくと、おびただしい数にのぼっていく。「外なる空間」は野獣猛禽ばかりではなく、さまざまな妖怪の横行する魔性の空間でもあった。数ばかりでない、「山の怪類多し」（『荘子』達生）というとおり、多種多様なのである。それら妖怪のすべてをここに逐一あげることはとても無理だし、また、あまり意味もないことなので、ごくめぼしいものだけを拾ってみる。

三危山に棲む獓狽《ごういん》。体は白、蓑《みの》を着たように全身を長い毛で被われ、頭上に四本の角を生やす怪獣。（西山経次三経）

（上）図5…獓狽
（中）図6…諸懐
（下）図7…土螻

北獄山の諸懐《しょかい》。姿は牛、子豚のような耳をもち、同じく四本の角をもつ怪牛。（北山経次一経）

崑崙丘《こんろんきゅう》の土螻《どろう》。羊のような姿だが、これも四本の角をもつ怪獣。（西山経次三経）

角について中野美代子氏は、妖怪である本質を具象するシンボルだという（『中国の妖怪』）。猰㺄（図5）も諸懐（図6）も、この土螻（図7）も、みな過剰な角を生やして人を威嚇し、とって貪り喰う妖怪である。

鹿呉山の蠱雕《こちょう》も過剰な角をもつ怪物である。姿は猛禽の鷹のようだが、例の嬰児のような声で人を惑わす。鳥でありながら、頭上にはニョッキリと角が生えている。これも人間を襲って喰い殺す妖怪だという（南山経次二経）。

## ◈川に棲む「人膝の怪」

山岳に源を発する沢にも、渓谷にも、妖怪が潜んでいた。山間の渓流ばかりではない。その流れくだった川下《しも》も、妖怪たちの縄張りであった。たとえば、伊水には馬腹の怪がいた。

蔓渠《まんきょ》の山……伊水はここより出《い》でて東流して洛水にそそぐ。獣あり、その名を馬腹という。その状は人面・虎身のごとし。その音は嬰児のごとし。これ人を食う。（中山経次二経）

伊水の馬腹は『山海経』のこの文による限りでは、虎の姿をした水怪らしいが、どうも、この記録に不備があるらしい。ほかの記録にでてくる伊水の怪獣は、これとは様子が少しばかりちがうからである。

時代はくだるが、『刀剣録』によれば、後漢の章帝の建初八（紀元八三）年、この伊水の怪物を退治するために、一振《ふり》の剣を鋳て、それを川の中に投げ入れたことを誌している。その文中では、伊水の怪物を「人膝《じんしつ》の怪」と呼んでいる。なぜ、「人膝の怪」といわれたのかといえば、その怪物が人間の脚の形をしているためらしい。一本の脚の膝にあたる部分が頭で、そこが虎のような面相をしているとも、虎の掌をひろげたようだともいわれ、また、足の爪は虎の爪のように鋭いとも伝えられていた。

「人膝の怪」の仲間は他の河川にもいたらしい。『水経注』の沔《べん》水の条にいう。

水中に物あり。三・四歳の小児のごとし。鱗甲は鯪鯉《りようり》のごとし。これを射るも（矢が）入るべからず。七・八月中、好んで磧《せき》（河原）の上にありて、自から曝《さ》らす（河原でよく甲羅乾しをする）。郄頭《ひざがしら》は虎に似る。掌爪は常に水中に没し、郄頭のみを出す。小児はこれを知らず、取りて弄《ざ》れ戯れんと欲すれば、すなわち人を殺す……名《な》づけて水虎（水唐と訛刻するものあり）となすものなり。

この沔《べん》水の水虎は一見して幼い童児であり、その点も含め、この水怪は日本の河童と共通点が多い。

陵《りょう》水の怪物・水盧《すいろ》もたぶん、水虎の仲間だろう。

陵水中に物あり。馬のごとし。……好んで磧の上にありて自ら曝らす。膝頭は虎の掌爪のごとし。……名《なづ》けて水盧となす。（『荊州記』劉昭注）

伊水では馬腹、沔水では水虎、そして陵水では水盧と、呼び名もちがえば、属性も少しずつ相違しているが、おそらく、みな同類で、さしずめ、人や馬を川の中にひきずり込んで殺す日本の民間の河童といったところだろう。

### ◈水の怪とカッパ

近年、四川省成都市郊外の南宋時代の墓を発掘したさい、その出土品のなかにまことに奇妙な土製俑《よう》（土製人形）がまじっていた。一本の脚の形をし、しかも、膝に当る部分が大きな口をあけて鋭い歯をむきだし、両眼をカッと見開いた怪物の首となっている。発掘報告者はそれを「独脚俑」と名づけているが、まさしく一本足のお化けである。四川地方では、この種の水の怪を「呑口《どんこう》」とよんできているそうだ。首と脚からなるこの怪物は四川地方ではかなり知れわたっている妖怪らしい（図8）。

馬腹も水虎も、そして水盧も、おそらく、この独脚俑のような姿をしていると信じられていたのであろう。誰れもが目撃するものではないし、恐怖心はさまざまな虚構をまじえてこの水怪のイメージを描きあげていったにちがいない。嬰児そっくりな声を出したり、いとけない子どもの恰好をしているといわれるものの、面相が虎の面のようだとか、虎の掌と似ているといわれていたことや、あるいは水虎という呼び名そのものから、じつは山野の猛虎にも劣らない獰《どう》猛な水の怪物だと人びとは考えて、恐れていたことがわかる。

ただし、伊水の流域で、この水怪を馬腹と呼んでいた理由はよくわからない。『荊州記』にもあったように、馬に似た動物だ（これは馬の脚のようだのことか?）と考えられていたためかもしれないが、むしろ、この水怪が馬となにか深い関わりがあったことを示唆するようにも思われる。というのは、雒《らく》（洛）水にも馬腸と呼ばれる水の怪が棲んでいたからである。

図8…呑口　成都市郊外宋墓出土の独脚俑

謹挙《かんきょ》の山、雒水はここより出でて東北に流れて玄扈《げんこ》の水にそそぐ。そのなかに馬腸の物多し。（中山経次四経）

柳田国男や石田英一郎の研究で早くから知られているように、わが国では河童と馬との関係はきわめて深い。中国でも昔から水怪が馬を犠牲として要求する伝承が少なくなかった。伊水や雒水の怪物が馬腹・馬腸と呼ばれるのは、馬の内臓が大好物で、水辺の馬を殺して貪り喰うというような伝承があって、馬にとって大敵だと恐れられたためかもしれない。

## ◈怪物の空間

「内なる世界」の外にひろがる山岳や曠野、そして川沢は、「野生の空間」であるとともに、「妖怪の空間」でもあった。そこには各種のおびただしい妖怪が巣喰っており、人を襲い、家畜を殺して喰おうと、虎視《こし》眈々《たんたん》とその機会を窺っていた。『山海経』ではこのさまを、たとえば、つぎのように記録している。

猨翼《えんよく》の山、そのなかに怪獣多く、水に怪魚多く……蝮虫多く、怪蛇多く、怪木多く、もって上《のぼ》るべからず。（南山経次一経）

旄《ぼう》山の尾（山脈の終り）、その南に谷あり、育遺《いくい》という。怪鳥多し。（南山経次三経）

崌《きょ》山、江水はここより出でて東へ流れて大江にそそぐ。そのなかに怪蛇多し。（中山経次九経）

栄余の山……怪蛇・怪虫多し。（中山経次十二経）

怪物の名前や属性、あるいはその悪業をいちいち具体的に付記してはいないが、どれもみなうえにあげてきた妖怪の一味であろう。

郭璞は江水の怪蛇について、つぎのように説明している。

今（晋代）、永昌郡（雲南省）に鉤蛇《こうだ》がいる。長さ数丈で、尾は岐《わか》れ、水中にあり、岸の上の人や牛馬を鉤取してこれを啖《く》う。……この類を謂《い》うなり。

江水の怪蛇は、姿形こそちがうものの、馬腹や水虎と同じように、人畜にとってはなはだ危険な水の怪物だったのである。水怪ばかりではない。さらに怪獣・怪鳥・怪魚についても同じことがいえる。

崟山《みつ》より鍾山《しょう》に至る四百六十里、その間ことごとく沢なり。ここに奇鳥・怪獣・怪魚多し。みな異物なり。（西山経次三経）

泑水の水虎も陵水の水盧も物と呼ばれ、また、雒水《らく》の水怪も馬腹の物といわれていた。崟山から鍾山に続くその沢に棲む奇鳥・怪獣の類もみな同じような物、つまり、怪物なのである。

この「物」とは、魑魅罔両《ちみもうりょう》、つまり、山や川にいる悪《あ》しき精霊、いってみれば怪物、ばけ物のことである。とにかく、山陵にも、曠野にも、渓谷にも、そして川のなかにも、至るところに怪物が充満しているのだ。だから、「外なる世界」を「妖怪の世界」とか「怪物の空間」といい換えてもけっして見当ちがいではなく、おおげさすぎることもないであろう。

### 妖怪のすみか

妖怪にはそれぞれ呼び名があり、各自の住《すま》いがあった。妖怪はけっして気まぐれにさまよい歩く浮浪者《バガボン》ではない。一定の山、特定の川に所属し、そこに自分の棲み処《か》をもっていた。山経が山名を誌し、川の名をあげて、妖怪のことを誌しているのはそのひとつの証拠である。だが、四六時中その住いにジーッと、人間の近づくのを待っているわけではない。むしろ、かれらは自在に行動し、文字どおり神出鬼没して、人を殺《あや》め、家畜を斃《たお》した。その超自然振りは人間にとってはまさに神業《わざ》であった。『礼記』につぎのようにいわれているとおりである。

山林・川谷・丘陵は能く雲を出し、風雨を為し、怪物を見《あら》わす。皆神という。（祭法）

妖怪の多くは明るさよりも、むしろ薄暗さを好んだらしい。だから、かれらの住いも奥深い林や藪の中だったり、底深い川の淵だったり、沼だったりする。さらに一日でいえば、白昼より闇夜の方が活躍の時であって、宵や明け方が出没の時刻といってよい。夕ぐれになると、狼やモッコがくるといって、早々に雨戸を閉める慣習は、つい一世紀ほど前までは、日本の山村や農村で普通にみられる風景だった。それは中国とて変りはなかった。闇を昼に変えるような灯火の発達しなかった昔は、陽の沈むに従って、「内なる世界」は「外なる世界」に侵蝕されていったのである。妖怪に怯える人びとは陽が沈むと、早々と戸を堅く閉じ、ジーッと屋内に息をひそめ、夜の明けるまで耐えつづけたのである。

## 二―――疫病神たち

### ◈厲鬼、膏肓に入る

疾病にたいする医学的知識体系が今日と異なっていた大昔には、人びとは外界から襲ってくる超自然的存在の仕業によって疾患が起ると信じていた。春秋時代に晋国に起ったつぎの事件はこのような疾病観を物語っている。

晋の景公が病いに冒され、床に臥していたある日のこと、大厲(疾いの大鬼)が夢に現れ、地面に達するばかりの長い髪を振り乱して激昂し、「わしの孫を殺したのがけしからぬ」と罵った。

(『左伝』成公十年の条)

この厲鬼は、晋君が二年前に殺害した趙同《ちょう》・趙括《かつ》というふたりの童子の祖父の怨霊であった。

晋君は驚いて眼を醒《さ》ますと、さっそく桑田《そうでん》というところに居る巫祝を召し出し、さきの夢を占わせた。すると、「殿のお病気は趙同・趙括の祟りでございます」との巫祝の返事であった。やがて、晋君の病いは重くなるばかり。そこで名医の誉れの高い秦国の御典薬にその診察を懇望した。間もなく、要請をうけた秦君の侍医の緩《かん》が参上して、晋君の脈をとって診たが、「もはや手おくれです」と匙を投げ出した。なぜかといえば、厲鬼が晋君の肓《こう》（心臓）の上、膏《こう》（横隔膜）の下に在り、鍼《はり》も薬もそこまでは達しないからであった。晋君はその診断を開いて、なるほど噂さに違わぬ名医だと感服したというのである。

じつは緩の到着に先立って、晋君は重ねて厲鬼の夢をみた。それは「緩は評判の名医だ。おそらく、われわれを痛めつけるだろう。しかし、肓の上、膏の下にもぐり込みさえすれば、いかに緩でもどうすることもできまい」と、ふたりの童子が語り合う夢であった。

いうまでもなく、「病い膏肓に入る」の諺の出所となった物語である。殺害された二童児の化した厲鬼が、晋君を怨んで、その体内深く潜入し、さんざん痛めつけ、仇をとろうとしたのである。

### ◈山川は疫鬼のすみか

「山藪は疾《やま》いを蔵す」（『左伝』宣公十五年の条）といわれるとおり、疾病の元凶である厲鬼の棲み処は山藪の中であった。ただし、この「山藪」は山のなかのブッシュだけに限定するものではなく、「山林藪沢」の略語であって、いわゆる「外なる世界」の総称なのである。

晋の平公を冒した厲鬼の住いも同じ「外なる世界」の一部であった。

病床に臥している晋の平公のもとに、鄭の簡公の使者として、子産がその病気見舞いにやってきた。そのとき、晋の家臣の叔向《しゆくきよう》が、

「殿のお病気の原因を卜官に占わせましたところ、実沈・台駘《だいたい》の祟りとのことでございますが、史官の誰ひとり、その実沈・台駘がどんな鬼神か存じません。もしやご存知ならば……」

と、その博識をもって天下に知られた子産に訊ねると、子産はその二柱《ふた》の鬼神の来歴を長々と説いて、

「台駘は汾水の神であり、実沈ともども平公に祟りをするようないわれはございません」

と答え、殿の病気の真の原因は不摂生な生活にあることを強調した。

（『史記』鄭世家、『左伝』昭公元年の条）

さすがに当代随一の合理主義者子産の面目を語るにふさわしい逸話ではあるが、これはまた、当時、病気は山川に棲む厲鬼の咎《とがめ》のせいだという俗信が、なお根強く行なわれていたことを物語っている。平公の病因を台駘らの祟りとする卜官の説明を強く否定しながらも、子産みずからが、

山川の神は則ち水旱癘疫の災、ここにおいてか之れを禜《まつ》る。

と述べて、洪水や旱魃と同様に、疫病発生のおりには、山川の鬼神を祀るべきことを説いている点からも、このことが確かめられる。それは「山藪は疾いを蔵す」ること、つまり、人びとを冒す疾鬼の棲み処が「外なる世界」にあり、それらの山川の怪鬼と疾病との間に因果関係があるという当時の一般的な考え方を前提にしているものであった。

### ◈子供に変身する疫鬼

話題をふたたび病い膏肓に入った晋君の病気にもどす。かれに祟った厲鬼は小童の趙同・趙括であった。このように、厲鬼はなぜか童児の姿をとって出現する話が多い。江水・若水、そして屋内の隅や物置の暗がりに棲む顓頊の子らも、やはり小さい疫鬼であった（『論衡』討鬼、『捜神記』十六）。

澤田瑞穂の「避瘧考」には、疫鬼に関する資料が多く引かれている。そのなかから一例を借用する。

> 邵《しょう》公という者、長い間、瘧（マラリヤ病）を苦《や》んだ。ある夜、発作を起したとき、数人の童児が現われて、邵公の手足を持った。彼はしばらく眠ったふりをして様子をうかがい、急に起きあがって、ひとりの童子の手を摑《つか》まえると、黄鷁《げき》（鷺に似た水鳥）に化し、他は一目散に逃げ去った。邵公は捕えたその鳥を縛り、吊しておいたが、一夜明けて見ると、姿はなかった。
> しかし、彼の瘧はそれから間もなく癒った。
> （『太平広記』三一八に引く『録異伝』）

邵公の疫鬼の正体は毛羽の黄色い鴟だったのである。

それでは、晋君の膏肓の間に潜り込んだ厲鬼は一体どんな姿をしていたのだろうか。たとえ、夢の中のこととはいえ、かれは趙氏の祖父とその孫たちの姿を見たわけであり、その目撃談が結局は病気の原因等を突きとめることになったのである。

おそらく、その厲鬼は趙同・趙括の死霊が化したものであると一目瞭然に識別できるような特異な姿をもって出現していたにちがいない。

子産は六年後にも晋君の病気見舞いに出かけている。そのときの話であるが、韓宣子が遠来のこの見舞客を自宅に招いて内緒ばなしをしている。

「主君は病床に臥してかれこれ三か月にもなる。その間、山川の神々を残らず祀ったけれども、病いは重くこそなれ、いっこうによくなる気配がない。近ごろはまた黄熊が現われて寝殿の門に入る夢を見られたそうです。いったい、その黄熊はなんでしょう?」

と訊ねた。子産はそのときも、病気は厲鬼の祟りという考えを否定している。だが同時に、子産は、帝堯が治水事業に功績のあがらない鯀《こん》を羽山で誅殺したところ、鯀の霊が黄熊に変じて羽水という川の深い淵に潜ったという神話故事を語って博識ぶりを示したうえ、「夏の代に黄熊を郊外で祀り、つづいて殷・周両王朝もこれを祭祀して参りました。晋国は盟主であるのに、この神を祀っておられぬのでは?」と答えたので、韓宣子がさっそく三代の祭祀を踏襲して実施したところ、晋君の病気が平癒した。

（『左伝』昭公七年）

当時、厲鬼は黄熊の姿をして現われるという俗信があり、ここでも有識者子産はその祟り説を退けたものの、結局は、黄熊神の祭祀を晋君にすすめ、晋君がかれのすすめ通りにした結果、重病が平癒した、というのである。子産と晋君の病気をめぐるこの二つの物語は、古代における伝統的な疾病観に立つ鬼神祟禍《すいか》説と、これに批判的な新しい疾病説の台頭を示唆している。しかし、当時はまだ、病気は妖怪・鬼神の咎だとする信仰のほうが根強く続いていた。このような事情は『荘子』の、

黔首《けんしゅ》（民衆）に疫多し……以て魅《すだま》（山川の怪）の祟りとなす。

（『太平御覧』巻五三〇、茆泮林『荘子逸篇』）

という文章が端的に物語っている。さらに前掲の例から、疫病をおこす妖怪・鬼神の類は、黄鷁や黄熊などのような、鳥獣の形をもって出現すると信じられていたものと思われる。

### ◈悪病の怪・蜚《ひ》

『山海経』山経をみると、古代中国の人びとの伝統的疾病観を具体的に知ることができる。たとえば、河南省西南にある楽馬山麓の村里では、流行病の猖獗《しょうけつ》は楽馬の山中に棲む獣形の厲鬼の咎であるとされて、恐れられていた。

楽馬の山、獣あり。その状は彙(はりねずみ)のごとく、赤きこと丹火のごとし。その名を狭《れい》という。見《あらわ》るれば則ちその国に大疫あり。

(中山経次十一経)

満身針で被われ、しかも焰のように真赤な色をしている獣とは、いかにもこの疫鬼にたいする人びとの恐怖心が反映されている。また、「狭」は厲・癘と音通し、その呼び名にも悪疾の怪だと信じる人びとの畏怖心がのぞいている。

罹《り》病の不安、ことにつぎつぎと人びとが冒されて斃れる伝染病は恐怖の対象だった。悪疫にたいする古代人の戦慄は、医学の進歩した現代のわれわれには容易に理解できまい。蔓延する疫病は、たちまちの間に一里一邑を屍の廃村と化し、わずかに生きのこる者も、明日の罹病に怯えたことであろう。

この歳、癘疫あらんに、万民多く勤苦(大いに苦しみ)凍餒《とうだい》(凍え飢えて)し、溝壑《こうがく》(溝や涯)の中に転死(屍を遺棄)するあること既に已に衆《おお》し。

(『墨子』兼愛下)

こういった悲惨な情景は、古代ではかならずしも稀有のことではなかった。

太山にはそのような大疫病を天下にまき散らすと伝えられる獣形の厲鬼がいた。いかにもグロテスクで不気味な怪物であった。

太山……獣あり。その状は牛のごとくにして、白首・一目にして蛇尾なり。その名を蜚《ひ》という。水を行けば則ち竭《つ》き、草を行けば則ち死す。見《あらわ》るれば天下に大疫あり。（東山経次四経）

牛形でありながら、なぜ虫偏をともなった蜚という文字であらわされたのか、その由来を語る伝説があったのかも知れない。とにかく、川や沢を行けば水が涸れ、野山を行けば草木が枯れてしまうほど強烈な毒をもつ怪物である。人間社会に現われれば、たちまち伝染病が蔓延すると恐れられたのはそのためだろう（図9）。

鳥の姿をした疫鬼もいた。

復州の山……鳥あり。その状は鴞《きょう》（ふくろう。一説に雞）のごとくにして一足。彘《てい》（ぶた）の尾なり。

図9…蜚

図10…跂踵

その名を跂踵《きしょう》という。見《あらわ》るれば則ちその国に大疫あり。 （中山経次十経）

### ◈独脚の疫病神たち

復州山の跂踵（図10）は、後述する一本足の妖鳥である火の怪・畢方《ひっぽう》のイメージとよく似ている（六〇頁）。両者はあるいは同類の山の怪物であったのではなかろうか。

同類の怪神が地域によって違った名で呼ばれることは、けっしてありえないことではない。跂踵と畢方という名は、前者が足や歩行の特徴に、後者がその鳴き声にちなんだものであって、実体は案外同じであり、同じような信仰系体に属する怪鳥であったのかもしれない。

なお、一本脚の怪神が疫病を運んでくるという俗信は近年まで中国の民間にあった。井岡咀芳の『満支習俗考』によると、華中では、大晦日に来訪する神々のなかに独脚の怪神がいて、その神は寝室に病気の種子を撒いてまわるという古くからの伝承が信じられていて、人びとは除夜には早々に寝室の帳《とばり》をおろす習わしであった。『神異経』や『永嘉記』などの古書によると、中世においても、山中に山獟《そう》とか山客と呼ばれる半人半猿で独脚の怪物がいて、人家に妖火を運んできて火災を起すとともに、悪疫をもまき散らしてまわると伝えられていた。

# 三――災禍をまねく怪神たち――洪水・ひでり

## ◈水害の怪神

妖怪は、その姿ばかりではなく、その所業もさまざまで、大物もいれば小物もいた。人畜を襲って喰う妖怪は、どちらかといえば、妖怪のなかでは小物の部類で、その被害も、ほとんど個人に限られていた。かれらはちょうど泰山の猛虎のような存在であった(三一頁)。犠牲者やあとに遺された家族にとって、それは堪え難い不幸ではあったが、たまたま襲われた者が不運だったというたぐいのものであった。

だが、妖怪のなかには人や家畜を殺《あや》めるだけではなく、もっと悪質で脅威的な大物の妖怪もいた。怪神とも称すべきいっそう恐怖的《テレフル》な怪物で、「内なる世界」の秩序を攪乱し、安寧を破壊して、人びとを混乱と絶望に陥しいれたのである。

たとえば、河南省新安県の敖岸《ごうがん》山に棲む夫諸《ふしょ》と呼ばれた四本の角をもつ妖怪がそれである。夫諸は山麓の村々を襲撃し、大洪水によって家屋を押し流し、田畑を泥土の海に化してしまうと恐れられていたのであった。

敖岸の山……獣あり、その状は白鹿のごとくにして四つの角あり。名《なづ》けて夫諸という。見《あらわ》るれば則ちその邑に大水あり。

（中山経次三経）

他方、光山には竜頭人身の嵐の怪神が棲んでいた。

光山……神計蒙《けいもう》は之《こ》れに処《お》る。その状は人身にして竜首。恒《つね》に漳淵に遊ぶ。出入には必ず飄《ひょう》風暴雨あり。

（中山経次八経）

頭が竜蛇であるのは水を司る怪神の表象である。竜蛇の姿をした神が山の上に棲む例は、日本にも少なくない。大蛇《おろち》とは「峰《お》(丘)の霊《ち》」のことだという説もある。三諸《みもろ》の岳の神も大虵であり、膽吹《いぶき》の山の神も、ときに大蛇となって現われている。

計蒙(図11)はその棲み処《か》の光山から、漳《しょう》水の淵に出遊することが多く、そのたびに突如、旋風が吹き荒れ、はげしい雨が降りそそぐ。山麓の村々は、そのつど、洪水の襲来に戦々恐々としたのであろう。

『日本書紀』によれば、吉備《きび》の国(岡山県地方)の川島河の主《ぬし》である大きな虬《みづち》が鹿に化身して出現したと伝えられている。この例から、神は自在に変身できることが察せられるとともに、大蛇の表象と鹿のそれとの間に関係のあることが示唆されている。洪水の怪神である敖岸山の夫諸が白鹿の姿をしているのも理由のないことではないであろう。

### ◈空を飛ぶ怪蛇

光山に棲む洪水の神・計蒙は、漳水の淵を行在所《あんざいしょ》(仮りの住い)として、山との間を往来していた。だが、洪水をひきおこす怪神のなかには、山よりも河を本拠とするものが多い。陽水が伊水に合流するあたり(現在の河南省嵩《すう》県地方に比定される)の水中に棲んでいる化蛇(図12)はその一例である。ただし、この怪神も蛇にして蛇にあらず、はなはだミステリアスな姿をして出現する。文字どおりお化けの蛇だ。

陽山……陽水はここより出《い》でて北に流れて伊水にそそぐ。そのなかに化蛇多し。その状は人面のごとくにして豺《さい》身。鳥翼あり、蛇行す。その音は叱呼《しつこ》するがごとし。見《あらわ》るれば則ちその邑に大水あり。

(中山経次二経)

図11…計蒙

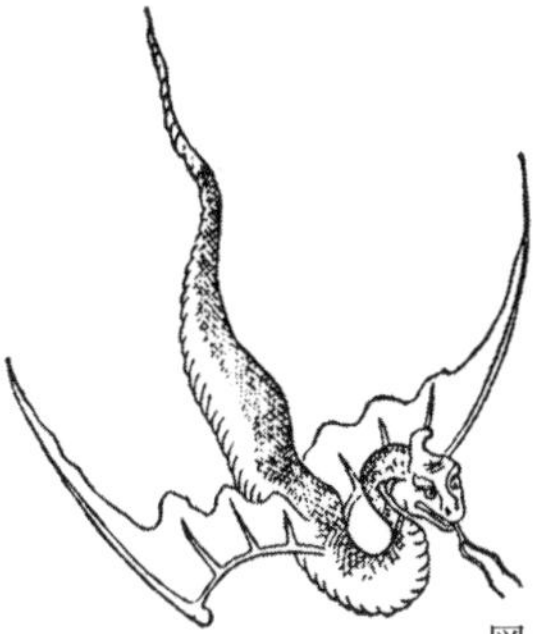

図12…化蛇

その化蛇のけたたましく叫ぶ声が聞えだすと、陽水の流れがにわかに溢れ、近くの邑や耕地は水害に見舞われる。なお、化蛇が翼をもっているところをみると、これも陽水の源である陽山の山上にも往来することがあったと思われる。そしてさきにあげた柴桑山（一四頁）をはじめとする各地の山川に棲む怪蛇や飛蛇の類も、おそらくこの陽水の化蛇のような洪水をもたらす怪物だったにちがいない。

### ◈猿の姿をした洪水の神

一口に妖怪・鬼神といっても千差万別である。それぞれ形も違い、個性もあった。また、同じ洪水の怪神でも、その威光に大小・上下の相違もあった。たんに一村・一邑に災禍を与えるだけでなく、ひとたび暴れて溢れだすと、多くの村々を、そして耕地をことごとく土砂で埋めつくす御稜威《みいつ》のきびしい怪神もいた。たとえば、長右山の水神がその例だ。

長右の山……獣あり。その状は禺《ぐう》（猿）のごとくにして四つの耳あり。その名は長右。その音は吟ずるがごとし。見《あらわ》るれば則ち郡県に大水あり。（南山経次二経）

長右という山名は、この山の主《ぬし》的存在の呼び名にもとづいたものではあろうが、畢沅はその長右はじつは長舌が本当で、筆写の誤りではないかといっている。たしかに長舌と呼ばれていた可能性はある。戦国時代から漢代にかけて楚《そ》国のあった地方から、長い舌を出した怪獣の塑像や絵がたびたび出土しているからである。ただし、それらはたいてい頭上に仰々しいばかりの鹿の角を戴いており、反面、四つの耳は認められない。けれども、なかには角のない吐舌像も、まじっている（図13）。長舌に限らず、その墳墓などから出土する遺物のなかには『山海経』に記録された妖怪・鬼神と類似する図像が少なくないことも、このさい考慮される。

長右が禺（猿）に似た妖怪だとすれば、禹《う》が退治したという伝説の巫支祁《ふしき》（無支祁）の類族かもしれない（図14）。後世の文献になるが、禹は水害をひきおこす巫支祁を軍山の麓で捕えたといわれ（李肇『唐国史補』淮水無支祁の条）、禹が桐柏山に赴いたおり、淮渦《わいか》水神の無支祁が風雷をまきおこして、その治水の工事を邪魔しようとしたので、怒って捕縛したという伝説が誌されている。そのときの妨碍者・無支祁は猿の姿をしていたという（『太平広記』巻四六七に引く『戎幕閑談』）。禹が水怪を捕え

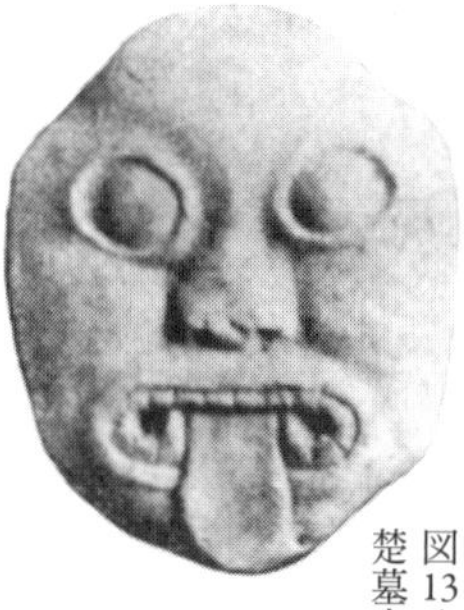

図13…吐舌 楚墓出土石像

図14…巫支祁 河南省黄河附近出土 鉄製 高約一米
「大宋建中元年三月□日造」の背款あり

たという軍山は長江の南、今の江西省にあり、また桐柏山は河南省の南端で、湖北省との省境に当っており、ともに戦国時代の楚の勢力範囲であった。肝心の長右山が現在どの山に該当するのか明らかではない。しかし、南山経に記録されている山川の範囲は黄河流域以南であって、おおむね長江およびその支流流域を含むとみるのが常識である。禺の姿をしている長右は、あるいは巫支祁の仲間かもしれない。

### ◈自分の名を呼ぶ妖怪

水害をおこすと恐れられた怪神は以上のほかにも方々の山々にいた。玉山には翟《てき》（雉）の姿をした胜遇《せいぐう》（西山経次三経）、剡《せん》山には人面だが彘（ブタ）のような合窳《ごうゆ》（東山経次四経）、犲《さい》山には夸父《こほ》（神話伝説上の猿イメージをもつ鬼神）に似た怪神（東山経次一経）、そして崇吾《すうご》山には一目一翼の蛮蛮《ばんばん》鳥（西山経次三経）など、さまざまな怪神がいた。それらが姿を現わすと、必ず被害が一国中に、さらには諸国にわたるような大規模な洪水をひきおこすといわれていた。空桑山の軨軨《れいれい》もそのたぐいの怪神であった。

空桑の山……獣あり。その状は牛のごとくにして虎文（虎のような縞模様）あり。その音は欽《きん》（吟）ずるがごとし。その名を軨軨という。その鳴くや自から叫ぶ。見《あらわ》るれば則ち天下に大水あり。

（東山経次二経）

自分の名前を呼びながら鳴くというのは、特徴のある鳴き声がそのまま呼び名となっているという意味だろう。この種の命名法は幼児語に多い。郭公やツクツク法師などと同類の擬声語である。柳田国男は日本の妖怪を意味するモウやモッコなどモウコ系の言葉は、妖怪が出現する時に発する鳴き声のモウからでた語であるといっている。そのモウは中世の口語体の「咬《か》もうぞ」の略で、妖怪が人間にたいして発した威嚇の声だろうという(『妖怪談義』)。

もっともこれには異論もある。実際に鳴き声を聞いたことのある人びとは、狼は「モウ、モウ」と鳴くのだという。田淵実夫は妖怪をさす「モウ」はこの狼の鳴き声からできた擬声語であって、夕暮れのころを「モウモウ時」というのも、夜の帳《とばり》がおりる時分に聞えてくる狼の遠吼えに関係するのだろうといっており(『動物風土記』)、谷川健一もこの田淵説を支持しながら、柳田説を批判している(「妖怪語モウ・モッコについて」)。

いずれにしろ、妖怪が人間社会に姿を出すときは、きまって異様な声を発する。その声は人間にとってはたいてい威嚇の声に聞えたのである。空桑山からひびいてくる「軨々」という声を耳にして、おそらく、人びとは洪水の不安を感じ、怯えたにちがいない。

### ◈大地を焦《こ》がす旱鬼

来る日も来る日も一滴の雨も降らず、ジリジリと日照りがつづく。やがて川も泉も涸《か》れ、作物は萎《な》えて倒れ、田畑一面に地割れが広がる。老人は樹の皮や草の根を握ったまま路上に斃れ、嬰児はしなびた乳房を口に含んだまま、母とともにあばら家のなかで息を絶った。人びとはこうしてつぎつぎに餓えて死に、村中は腐臭が漂う惨憺たる有様であった。洪水は村に地獄絵巻を繰りひろげたが、打つづく旱魃もまた、この世を死の世界に変えてしまったのである。

その恐しい旱魃《かんばつ》も洪水と同じように、山川に棲む怪神がもちこむ災禍であった。『詩経』大雅の雲漢の篇は、大旱魃に見舞われて、苦嘆し、ひたすら降雨を祈る雨乞いの歌である。そのなかで、日照りは魃《ばつ》の残虐な仕業であると訴えている。魃とは旱鬼(『説文』)、つまり日照りの怪神のことなのである。

旱魃の怪神は各地の山川に棲んでおり、その所在によって姿もちがえば、属性も異なっている。おそらく、それぞれの地方の信仰体系のちがいからきているのであろう。ただし多くの場合は、燦然《さんぜん》と光り輝きながら去来すると伝えられている。そうでない旱鬼でも、たとえば、錞于《たいう》毋逢《ぶほう》山の浴水に棲む旱魃の神のように、全身がまっ白、首がまっ赤な蛇の姿をもって出現すると語られている(北山経次三経)。これらの光や色彩は大地を焦がす太陽の光、あるいは燃えさかる火焔をシンボライズしており、いかにも旱魃らしい威容である。

『山海経』にはこの種の旱鬼が数多く登場する。以下にその主なるものを紹介しよう。まず、伊水の支流の鮮水(河南省嵩県地方を流れる川)の処々方々に棲んでいる旱鬼は蛇の形をしており、しかも翼があって飛翔する。

鮮山……鮮水はここより出《い》でて北に流れて伊水にそそぐ。そのなかに鳴蛇多し。その状は蛇のご

とくにして四つの翼あり。その音は磬《けい》のごとし。見《あらわ》るれば則ちその邑に大旱あり。（中山経次二経）

磬（石または玉製の打楽器）を叩くようなかん高くはげしいその音は、飛来するこの怪神の鳴き声か、それとも羽ばたく翼の音であろうか。

同じような有翼の蛇は帝囷《ていきん》山の山麓を伏流となって流れる川のそこここにも棲んでいた。

帝囷の山……帝囷の水はその上より出《い》でてその下に潜る。鳴蛇多し。（中山経次十一経）

沔《べん》水の支流・末塗《まつと》水の旱鬼も蛇形で、全身黄色であって、これもまた、光を放ちながら飛行するという（図15）。

図15…儵蟰

独山……末塗の水はここより出《い》でて東南して沔《べん》にそそぐ。そのなかに條蟰《しょうよう》多し。その状は黄蛇のごとくにして魚翼あり。出入には光あり。見《あらわ》るれば則ち邑に大旱あり。（東山経次一経）

そのほか、魚の形をした旱鬼もいた。子桐山から流れ出る子桐川の鰨《かつ》魚がそれである。やはり翼があって、出入のたびに光彩を放つという（東山経次四経）。

### ◈鳥や獣の姿をした旱鬼

以上の妖怪は山間の沢や山麓を流れる川に棲む旱魃の神々だが、同種の怪神は山岳にも棲んでいた。それらのなかには鳥の姿で出没するものもいる。たとえば、栒状《じゅんじょう》山には、雞に似て、全身が鼠のような毛で被われた蚩鼠《しそ》という旱魃の神がおり（東山経次一経）、鍾山には鴟（ふくろう）に似るが、頭はまっ白で脚は赤く、まっすぐに延びる喙に黄色い斑点のある鵕鳥という名の旱鬼がいた（西山経次三経）。

蛇や鳥のほかに、獣の姿をもって出現する旱魃の神々もいた。ただし、なぜか、かれらも翼をもつものが多い。姑逢《こほう》山の獙獙《へいへい》（図16）もその翼のある獣形の神である。

姑逢の山……獣あり、その状は狐のごとくにして翼あり。その音は鴻鴈《こうがん》（雁のこと）のごとし。その名を獙獙《へいへい》という。見《あらわ》るれば則ち天下に大旱あり。（東山経次二経）

そのほか、令丘山に棲む顒《ご》もふくろうの姿をし、しかも眼が四つの怪異な旱魃の神である。なお、顒という名はその鳴き声からつけた名称らしい（南山経次三経）。

### ◈一首二身のひでりの怪

太華山（陝西省東南の華山）はのちの世になると、五岳の一つに算えられる天下の名岳である（図17）。この山にも翼のある蛇形の旱魃の神がいる。

太華の山……蛇あり。名《なづ》けて肥《ひ》鱧《い》という。六足、四翼あり。見《あらわ》るれば天下に大旱あり。（西山経次一経）

図16…獙獙

図17…華山

同名の旱鬼は渾夕《こんせき》山の囂《ごう》水にも、そして彭毗《ほうひ》山の肥水にも棲んでいる。

渾夕の山……囂水はここより出《い》でて……蛇あり。一首、両身なり。名《な》づけて肥遺《ひい》という。見《あらわ》るれば則ちその国に大旱あり。（北山経次一経）

彭毗の山、蚤林の水はここより出《い》でて東南に流れ河（黄河）にそそぐ。肥水はここより出《い》でて南に流れて牀水にそそぐ。そのなかに肥遺の蛇多し。（北山経次三経）

肥𧔥と肥遺の蛇のそれとはもちろん同種の旱鬼だろう。肥𧔥の𧔥の字はそれが蛇形の鬼神であることを示すため、記録者が配慮して作った文字であろう。太華山の怪神が六足で四枚の翼、いっぽう囂水の怪神は頭が一つでありながら体が二つであるといい、両者はまったくちがった存在のように思われるのだが、おそらく、その実体は同じであろう。

ひとり妖怪・鬼神に限らないが、山経の記述は一般に抄録《メモ》風で簡略であり、しかもその対象の特色を印象主義的に記述している。したがって、同じ対象でも記載に異同が生じてこよう。まして、その記録が、もし各地方ごとの報告を基にしていたとすれば、なおさらのことである。

とにかく、「四翼の蛇」と「一頭二身の蛇」とは同じ肥遺の特徴を説明したものなのだ。肥遺は翼のある一頭二身の怪蛇である。太華山の肥𧔥の属性描写と囂水の肥遺のそれとを重ね合せれば、この怪神のイメージはいっそう鮮明になろう。

なお、太華山の肥𧔥が四足ではなく六足となっているのは、「過剰による妖怪」的表現か、さもなければ、二本分は文字どおり何者かが加えた蛇足であろう。『山海経』の一部のテキスト（蔵経本、明代の正統十年に印刷した道教に関する一切の経典のなかの版本）には、渾夕山・囂水の肥遺を「一頭両身」でかつ「四足あり」と記すものがある。

### ◈川を涸らす旱鬼

西周初期の「作冊大方鼎《てい》」と呼ばれる青銅器上の図像（図18）をはじめ、同じような青銅器上の図

図18…作冊大方鼎の図像

（右）図19…青銅器の図文
（中）図20…甲骨文字の図像
（左）図21…甲骨文字の図像

文(図19)は、いずれも一頭二身の怪蛇をあらわしている。林巳奈夫は、これらを足や翼は描かれていないが、肥遺ではないかといっている。さらに、林は甲骨文字に一頭二身の蛇を表現するもの(図20・21)があることを指摘している(「殷周時代の遺物に表わされた鬼神」)。上記の青銅器上のそれらと較べて、軀部から左右にでている四肢状の線にちがいがあるが、これが一部のテキストが伝える肥遺の四本の脚かもしれない。だが、図18をよく観察すると、それは脚というより、翼をあらわしたものともとれ、あるいは太華山の肥遺の属性の四つの翼を描写しているようでもある。

『管子』水地篇に、涸《こ》川の水の精である蟡《い》に関して、つぎのような伝承を記録しており、林はその蟡は肥遺と同類であろうといっている。私もその説には同感である。

……蟡《い》は一頭にして両身なり。その形は蛇のごとし。その長さは八尺。その名をもってこれを呼べば、魚鼈《べつ》を取るべし。これ涸川の水神なり。

清代の汪紱《ふつ》という学者は、蟡は肥遺を縮めて発音したものだといい(『山海経存』)、郝懿行は逆に、蟡を引伸して発音すれば肥遺の音に近くなるといっている(『山海経箋疏』)。

ちなみにわが国の和歌山県の古い呼び名の紀伊は樹木の豊かな木の国という意味だが、木の発音を引き伸して紀伊の国と表記されるようになった。蟡と肥遺とはどちらが詰ったのか伸びたのか、因果の関係はわからないが、両者を同一物とみている点では、王も郝も同じである。

ところで、さきの『管子』の文章で、「蝸！　蝸！」と呼ぶと、涸川の魚や亀を捕えることができるというのは、一種の呪術的漁獲法をのべたものである。蝸は涸川の精霊であって、その配下の「蝦《か》兵蟹《かい》将（へなちょこな手下ども）」は、その威名を開いただけでびっくり仰天、ひれ伏してじっと身を縮めてしまう。そこをやすやすと捕えることができるというのであろう。それとも、蝸蛇《いだ》は山野を焦がし、川や泉を乾《ひ》あがらせる稜威をもつから、その名を唱えると、それだけで、たちまち川の水は涸れ、なかの魚や亀が乾《ひ》あがってしまい、一網打尽にされるというのであろうか。

いずれにしろ、蝸のいる涸川とは、涸《か》れて水のない川という意味である。『山海経』海経の一篇に、翼のある竜形の旱鬼・応竜が凶犁土丘《きょうりどきゅう》という山にいるという伝承を記録している（大荒東経）。凶犁土丘とはいかにも農耕をさまたげ、せっかくの作物をだい無しにする旱魃の怪神の棲む山の名らしい。この涸川も旱鬼の宿るところにふさわしい川の名である。

### ◈殷王朝の大ひでり

中国古代史上でもっとも有名な旱魃は殷《いん》の湯王の治世に襲来した。すでに伝説的様相を帯びてはいるが、『呂氏春秋《りょししゅんじゅう》』順民篇によると、旱魃は五年間も連続し、民衆は疲弊のドン底にあえいだという。

梁の顧野王が撰録した『玉篇』は、湯王の世に、一首・二身・四翼・六足の肥遺が陽山の麓に姿を現わしたと誌しており、『山海経』に注釈をした清の呉任臣は、その『山海経広注』に『成湯元紀』という書物のなかの文章を引いて、「肥𧔥は陽山に現われ、それから七年間も旱魃がつづいた」といっている。これらの記事は当時、湯王の時代に発生した歴史的な大旱魃が、旱鬼の肥𧔥の所業だとする伝承のあったことを物語っている。

その陽山は、『山海経』の中山経次二経のなかに、つぎのように記録されている。

　また西三百里を陽山という。石多く草木なし。陽水はここより出《い》でて北に流れて伊水にそそぐ。そのなかに化蛇多し。その状は人面のごとくにして豺身、鳥翼にして蛇行す。その音は叱呼（はげしく呼ぶ）するがごとし。見《あらわ》るれば則ちその邑に大水あり。

ここには肥𧔥もほかの旱魃の怪物も棲んでいるとは記録されてはいない。だが、この陽山の記述のすぐ前にある文章が、さきにあげた鮮山の記述なのである（四六頁）。すなわちそれは「鮮山から流れ出て伊水に合流する鮮水に四翼の鳴蛇が棲み、それが旱魃をおこす」という内容であった。そしてそのあとに、「また西三百里を陽山と曰《い》う云々」と、上述の文がつづいているのである。

このふたつの山の間の三百里の距離について、郝懿行はその根拠は説いていないが、三十里の書き違いであろうといっている（『山海経箋疏』）。当時の三十里が今日のどれほどの距離になるかはわからないが、かりに一里を四百メートル余とする周〜前漢の度量衡で概算すると、約十二キロメートルの至近距離になる。ただし、その遠近はさして重要な問題ではないかもしれない。肥遺は超自然的な存在であり、また、翼の持主であって、鮮山から陽山の麓までは、文字どおりひと飛びであろう。湯王の治世におこった大旱魃は鮮水の肥遺が近くの陽山の麓に出現して発生したということかもしれない。

最近、伊水と洛水の合流する付近の偃師《えんし》から、湯王の宮殿址が発見されたと報じられている（図22）。湯王の時代に旱鬼が陽山に姿を現わし、そのために大旱魃になったという伝承は、かなり具体性をもって語られていたように思われる。

図22…湯王の宮殿址

# 四――災禍をまねく怪神たち――火災・戦禍・蝗害・労役

## ◈火の怪・回禄

わが国には昔から魔風の信仰がある。西北から吹く強風をタマカゼと呼ぶのは、悪霊の吹かせる風という意味だといわれている。また、東北地方で暴風の襲来を風の三郎がやってきたというのも、強風を超自然的存在の仕業だとする信仰の名残りであろう。

暴風は家屋を吹きとばし、樹木をなぎ倒し、農作物を荒すばかりでなく、大火を招く。そのうえさらに悪病も大風によっておこることがあると信じられていて、たんなる自然現象とは考えられていなかった。

古代中国でも同じで、大風はたんなる気象現象とはされず、烈しい風は山に棲む超自然的存在がおこすものとされていた。

たとえば、几《き》山には聞獜《ぶんりん》という獣形の怪異が、そして獄法山には山猵《さんき》という名の、同じく獣形の怪神が棲み、大風はそれらの仕業によっておこると信じられていた。

几山《き》……獣あり。その状は彘《てい》のごとくにして黄身・白頭・白尾なり。名《なづ》けて聞獜（一説に聞䍜《れい》）という。見《あらわ》るれば則ち天下の大風あり。（中山経次十一経）

獄法の山……獣あり。その状は犬のごとくにして人面なり。善く投ぐ。人を見れば則ち笑う。その名は山𤟤。その行くや風のごとし。見《あらわ》るれば則ち天下に大風あり。（北山経次一経）

聞獜は『山海経』のこの記事以外に、他の文献には登場していない。他方、獄法山の山𤟤はその属性が似ていることから、山都や山𤢖《そう》という名の山の怪ではないかともいわれているが、たしかなことはわからず、ともに正体のよくわからない風神である。

さて、中国でも大風は病気の原因のひとつだと考えていたらしい。厳一萍は殷人の疾病観について、鬼神の祟りとともに、風などの天象がおもなる病気発生の原因と考えられていたとのべている（『中国医学之起源考略』）。丸山敏秋はこれをうけて、その風とは気象現象としての風でなく、風の神ともいうべき超自然的存在であろうといっている（「中国古代における呪術と医術」）。

強風下には大きな火事がおこることが多い。その大火災の発生も、人為の出火とは考えられていなかった。

宋代の胡継宗が編んだ故事成語集の『書言故事』によると、古来、火災を蒙むることを「回禄に遇う」といったという。その回禄はすでに春秋時代以前から火災の神として恐れられていた。

魯の昭公十八（前五二五）年五月、融風（東北風）が吹き、それが烈しくなって、宋・衛・陳、そして鄭国にも大火がおこった。鄭では国都を遷そうとするほどの大騒動になった。そのとき、土地の役人が、祭祀官や祈禱師らと都の北方の地を祓い浄めて、回禄と水神の玄冥《げんめい》とを祀って、鎮火を祈願したという（『左伝』昭公十八年の条）。

火事の鎮圧を祈ったのであるから、回禄は火災から守ってくれる善神らしくみえるが、必ずしもそう簡単には断定できない。むしろ、回禄は火を自由自在に操る荒ぶる神格であって、手厚く祀れば火伏せもしてくれるが、本来は妖火をもって災害をまき散らす怪神という性格の持ち主であったらしい。これが夏の都に近い聆隧《きんすい》というところに姿を現わすや、夏王朝がたちまち滅亡したと伝えられている（『国語』周語上）ことからもわかる。

### ◈火の怪・祝融

それでは、怪神の回禄はどのような形をして出現し、またどの山ないし川に棲んでいたのか。『山海経』にも、その他の文献にも、この点に関してはなんの記載もないので不明である。この回禄のことはひとまずおいて、後世、火を管掌する役職名となった祝融《しゆくゆう》も、もともと火災をもたらす荒ぶる火の神であった。殷の湯王が夏の桀《けつ》王を討とうしたときのこと、「天が祝融に命じて、火を夏の城間、西北の隅に降らせた」（『墨子』非攻下篇）といわれている。『山海経』の海外南経をみると、その祝融は「獣身にして人面」であると誌されている。

なお、『左伝』に、昭公十八年の鄭以下諸国をなめつくした大火災に先立って、融風が吹き荒れたといっている。その大火に先立って、強風が吹きはじめると、梓慎《ししん》が、

「これ融風という、火の始めなり」

といったと誌されている。杜預《どよ》はこの文に、「東北の風は木の精がおこす風である。火は木より生じるから、火の母である。ゆえに融風は火のはじまりという」と、いささかまわりくどい説明を加えている。だが、これは五行説（宇宙の万物がすべて木・火・土・金・水の五元素によって生成されるとする、戦国時代の騶衍《すうえん》の唱えた学説）によって理論づけたもので、融風の本質を直截に説明しているとは思えない。融風は立春節に吹く強風の名であって、とくに乾燥のはげしいこの時節は火災が発生しやすかったのであろう。したがって、怪神祝融が火事をひきおこすという民間の信仰が、融風の語を生んだと考えるほうが正しいのではなかろうか。

そこで回禄のことにもどるが、回禄とは呉回のことで、祝融の弟だと郭璞は説いている。とするならば、回禄も祝融同様に、獣形などの怪異な姿をもって「外なる世界」から出現する怪神であったと考えられる。『山海経』をみると、ほかにも妖火の神々がいて、それらは山々から異形な鳥獣となって姿を現わし、怪火によって村里を焼野原にしてしまうと信じられていたことがわかる。

### ◈怪火を銜《くわ》えて飛ぶ

鮮山（河南省南陽地方）は火災の神・狢即《いそく》の住まいであった。

鮮山……獣あり。その状は膜大《まくだい》のごとく、赤喙・赤目・白尾なり。見《あらわ》るれば則ちその邑に火あり。名《な》けて狢即という。（中山経次十一経）

膜大については、鉄を食うという貘《ばく》だとか、白豹の類であろうとか、あるいは西域産の大型で獰猛《どうもう》な犬だとか、いろいろいわれているが、よくわからない。いずれにしても、強調されている両眼と口先が赤いという属性は、この狢即がいかにも燃える火を象徴するようで、火の神の怪異さを示している。

章莪《しょうが》山には鳥形の怪神が棲む。「ヒッポウ！　ヒッポウ！」と鳴きながら飛来すると、たちまち麓の村里に妖火が発生する不吉な怪鳥であったらしい（図23）。

章莪の山……為すところはなはだ怪《あや》し。……鳥あり。その状は鶴《つる》のごとくにして一足。赤文・青質（青い地肌に赤い斑紋）にして白喙なり。名《な》けて畢方《ひつぽう》という。その鳴くや自ら叫ぶなり。見《あらわ》るれば則ちその邑に譌《ぎ》火あり。（西山経次三経）

この怪鳥の名は、その鳴き声に由来する擬声語かと思われるが、袁珂は畢方は熚熚《ひつひつ》熇熇《ほほ》、つまり、竹や樹木が燃えてバチバチする音から生れた呼び名ではないかといっている。なるほど興味深い解釈である（『中国神話伝説詞典』）。もしそうなら、この畢方はいっそう火災の神にふさわしい名だといえよう。なお、『淮南子』氾《はん》論訓に、「木は畢方を生じる」といい、これをうけて高誘は、「畢方は木の精」だと述べている。さきにあげた木の精が融風をおこし、その融風が大火の背因となっていたことと興味深い対応をなしている。

この一本足の怪鳥にたいする恐怖は後世にも生きつづいていた。後漢の張衡の「東京賦《とうけいふ》」にも、災害を加える畢方が登場しており、これについて薛綜《せつそう》はつぎのように説明している。

畢方は老父神、鳥のごとし。一足にして両翼あり。つねに火を銜《くわ》え、人家にありて怪災をなす。

これによれば、畢方の出現が大火災の発生する予兆だということではなく、この怪鳥自体が荒ぶる火の怪であって、妖火をもたらして、家々を焼きはらうのだと信じられていたことが窺われる。類似の信仰は章莪山一帯に限らず、各地にあったらしい。唐の段成式の『酉陽雑俎《ゆうようざつそ》』に、治《ち》鳥

図23…畢方

が虎を駆って人びとを害し、また、人家に不審火を放ってまわると伝えている。この火の怪鳥を別に山魈《しょう》とも呼ぶといっているが、この別名から推測する限りでは、治鳥もやはり山中に棲む怪物であったろう。

### ◈巨猿の怪神

河南省南陽一帯は怪神の住まいの山々にとり囲まれている。その山のひとつが豊山で、その山中には、耕父ならびに雍和と呼ぶ獣形の怪神がいる。

豊山、獣あり。その状は蝯《えん》(猿類)のごとく、赤目・赤喙・黄身なり。名《なづ》けて雍和《ようわ》という。見《あらわ》るれば則ち国に大恐あり。神耕父はここに処《お》る。つねに清冷《せいれい》の淵《ふち》に遊ぶ。出入に光あり。見《あらわ》るれば則ちその国は敗をなす。(中山経次十一経)

雍和とはいかにも保護神を思わせる温和な呼び名だが、その内実は豊山山麓一帯を震愕させるような怪異である。全身を被う黄ばんだ体毛はいかにも老いさびた妖怪を思わせる。さらに、ほおずきのような赤い眼とまっ赤な口は、老狒々《ひひ》か巨猿のイメージを伝える。山の怪神をこのような老猿をもって表象する例は他の国々にも多く、それに悩まされる村びとのために、英雄がその猿神を退治する説話も、世界的に分布している。

さて、この雍和が出現して、恐怖に陥しいれたのは、大洪水の襲来か、大旱魃か、それとも烈風か。ともかく、「内なる世界」をあげて震駭させる脅威の怪異である。それを雍和と呼んだのは、恐れて直接その名を呼ぶことを憚った忌み言葉であろう。日本では山犬をヤマノアルジドノと呼んだり、狼をオオカミと呼んでおり、中国でも虎を虞吏《ぐり》、狼を当路君と隠語で呼ぶことがあった。『山海経』には隠語とおぼしき難解語が多い。豊山の荒ぶる怪神を雍和と呼んだのは、ひたすらこれに宥恕を乞い、息災と安寧を祈求する人びとの心象の投影と見るべきであろう。

陽山にはまた耕父が棲み、清冷の淵に出遊する。そのたびに淵の水は赤く妖しく光り輝いた。そしてこの耕父が出現すると、その国に一大変事が生じ、国をあげて不幸に陥った。その不幸がどのようなものであるかは具体的にできないが、袁珂はそれは国の滅亡ではないかといっている。なるほど、引用文にみえる「敗」は滅亡するの意味とみるのが最も常識的な解釈である。だが、この文字には「凶年」とか「禍い」という意味もある。もし、呼び名がこの神の本質を表したものならば、この耕父は農耕に関係した鬼神であった可能性がある。とすれば、この耕父は光山の嵐の神・計蒙(四〇頁)と同じような飄《ひょう》風・暴雨によって国土を荒しまわる怪神か、それとも、旱魃によって人びとを飢渇に陥しいれる凶神かもしれない。『文選』南都賦に、唐の李善は「耕父は旱魃なり」と注を施している。そのような伝承が古くからあったとすれば、「敗」とはやはり凶作だったのであろう。後で紹介するが、「敗を為す」を農作物に禍いをするという意味で使っている例もある。総じていえば、『山海経』のなかにある「敗」とは国土の荒廃のことであったろう。

なお、山西省聞喜県南方の景山には、眼が六つで三本足の怪神・酸与がいる（図24）。

景山……その状は蛇のごとく四翼・六目・三足なり。名《な》づけて酸与という。その鳴くや自ら詨《よ》ぶなり。見《あらわ》るれば則ちその邑に恐あり。（北山経次三経）

太華山の肥䗳は六足、この景山の酸与は六目・三足で、両者の間に相異点はあるが、ともに蛇形で四つの翼があり、基本的には、外形が共通している。とすれば、酸与が景山一帯の邑里で恐れられていたのは、旱魃の怪であったためかもしれない。

## ◈蝗害の怪

パール・バック女史の描く『大地』といえば、誰しも思い浮べるのはあの蝗《いなご》の大群の襲来シーンであろう。突然、黒雲がいちめんにわきおこったように蝗の大群が天空を蔽い、天地をゆるがすような唸りをあげて押しよせてくる。みるみるうちに、営々辛苦の結晶は、かれらによってことごとく喰い荒されてしまう。悪夢のひとときがおわり、呆然と立ちつくす農民たちを待っていたのは、苛酷な飢えとの闘いであった。

蝗やイネの大敵であるウンカあるいはツマグロヨコバイの災害は、大洪水や旱魃のそれとなんら変るところがない。王禎《てい》は『農書』におおむねつぎのように述べている。

春秋時代二百四十二年間の記録を調べてみると、この年豊作と書かれているのはわずかに二年だけ。これに反し、この年水害あり、または旱魃あり、あるいは虫害ありと誌されている年はいちいち算えきれないほど頻繁にある。

また、『農政全書』の著者徐光啓《じょこうけい》の調べでは、春秋時代から戦国時代までの四百数十年の期間中、「蝗害あり」と記録された月件数がじつに百十一件に達したという。とにかく、蝗などの大群の襲来はしばしばで、古来、これも人びとを生死の苦境に陥しいれる脅威だった。収穫の喜びを寿《ことほ》ぐ祝歌のひとつ、『詩経』大雅の「大田」にも、適度の降雨のあったこととともに、蝗《いなご》や螽《いなむし》などに穀物を損われなかったことが歌われている。蝗螽《こうしゅう》は水旱の怪神と変らぬ天敵だったのである。

ところで、その蝗や螽の群団は「外なる世界」から不意に飛来し、「内なる世界」を混乱と飢餓

図24…酸与

の地獄に一変させる点では、洪水や旱魃の怪神となんら変るところがなかった。そのせいか、蝗や螽の被害もまた超自然的な存在の所業であるとされていた。余峩《よが》山一帯の邑里では、その神は獣形の怪物であると信じられ、犰狳《きゆうよ》と呼んでいた。

余峩の山……獣あり。その状は菟《と》（うさぎ）のごとくにして鳥喙・鴟（ふくろう）目・蛇尾なり。人を見れば則ち眠る。名《なづ》けて犰狳という。その鳴くや自ら訆《よ》ぶなり。見《あらわ》るれば則ち螽蝗《しゆうこう》敗を為す。（東山経次二経）

人を見ると眠るとは、死んだふりをする意味だという。『広韻』に、「犰狳は獣にして魚に似、蛇尾・豕目なり。人を見れば則ち佯《いつわ》り死す」とある。魚にも似て水中に棲み、口先が尖《とが》り、尾の長い兎のような獣だというから、いかにもグロテスクな怪物だが、この犰狳は水陸両棲の穿山甲《せんざんこう》（アルマジロ）そっくりのイメージである。穿山甲は驚くと、とっさに頭部を前肢の間に突っこんだり、あるいは強敵に出くわすと、体を丸め、鱗甲をそばだてて身を守る不思議な性質をもっている。人を見ると眠るとか、死んだふりをするというのは、このような習性の観察からでた説明にちがいない。犰狳という名称も「キウキウ」と鳴くこの動物の擬声に由来したのだろう。

## ◈穿山甲の怪

余義山の怪神・犰狳が穿山甲の属性そっくりで、実在の動物の姿をしているのは、穿山甲そのものが当時の人びとの抱く妖怪観とマッチしていたためであろう。喙は鳥、尾は蛇、しかも四足の獣にして獣にあらず、魚にして魚にあらず、鳥獣虫(蛇)魚の特色をすべて兼具している動物こそ、妖怪そのものなのである。ビュフォンのいう妖怪の定義の、「過剰による妖怪」・「欠如による妖怪」・「諸部位の転倒ないし誤れる配置による妖怪」よりも、犰狳のような異なる系統の生物の「合成による妖怪」のほうが、いっそう妖怪の面目躍如だということができる。鳥獣虫魚のいくつかの特質を兼有すること自体、スーパーナチュラルの表象なのである。すくなくとも、『山海経』に登場するものは、そうした「合成による妖怪」が、ほかの三つの範疇の妖怪よりもはるかに多い。

犰狳が穿山甲のイメージの怪異だとしても、これが人を見たとたんに身を丸めるという記述と、それが姿を現わすと螽蝗の災害が発生するという説明との間には違和感があり、実際に矛盾もある。前者の「人を見れば則ち眠る」の文は、あるいは後世の加筆によるものかもしれない。他方、後者の穿山甲のイメージをもつ犰狳が、なぜ、蝗類の怪神とされたのかも不可解である。これも今では勝手な想像をするほかないが、穿山甲が巨大な蝗や螽を象徴するような内容の伝説が、当時あったのかもしれない。蝗は日本では非業《ひごう》の戦死をとげた斉藤別当実盛《さねもり》、中国では同じく戦場で非業の死をとげた劉猛将軍の化身であるといわれてきた。蝗と両国の将軍を結びつけるのは鎧兜をまとったその姿にある(伊藤清司『中国民話の旅から』)。いうまでもなく、穿山甲は文字どおり山・

をも穿つ堅い鱗甲で被われていて、甲冑をまとったイメージと合致するのである。
犰狳の棲むという余莪山が、今日のどの地方のなんという名の山に該当するかは不明であるが、この山が東山経に記録されているから、常識的には中原からみて東方ないし東南地域の山名とみなされる。周堯の『中国早期昆虫学研究史（初稿）』によると、古代は山東を中心とする東海地方が蝗害の多発地帯であったという。『史記』や『漢書』などの古い史書に記録する蝗の災害記事は、青州、つまり山東半島とするものが多く、また蝗の大群が「東方従《よ》り飛来す」と誌すものが目立っている。

　農作物を荒らす害虫は蝗だけに限らない。ウンカやツマグロヨコバイは、とくに稲にとって大敵である。これらの害虫も甲冑をつけたように見え、わが国では蝗同様に実盛虫とか別当虫と呼んでいるところもある。

最近の研究によると、これまで大発生の生態が謎とされていたウンカは、日本や華北などでは越冬できず、発生地は東南アジアであって、それが低気圧に乗って北東へ大飛来し、華南から東シナ海沿岸の華中・華北に大発生をひきおこすことが論証された（岸本良一『ウンカ海を渡る』・「海を渡るウンカ」）。江南を中心とした東海地方の稲作地帯に分布する劉猛将軍伝説の害虫は、蝗ばかりではなく、ウンカやツマグロヨコバイの類の害虫も当然含まれているにちがいない。

『史記』や『漢書』の災害記事は、これらの史書の性格上、華北の畑作地帯に片よっている。また、古代における山東半島以南の淮河・長江流域における農作物被害の実相やその対策をめぐる習俗・信仰を知ることのできる資料がない。それに古文献にでてくる蝗や螽の昆虫学的知識を十分に持ちあわせていない現状では、以下のことはひとつの推論にすぎないが、穿山甲の棲息地は長江流域およびその以南であるといわれているから、「螽蝗の敗を為す」とされた余峩山の犰狳は穿山甲のイメージをもとに形成された怪神であった可能性がつよい。

### ◈戦乱の修羅場

中国には大昔から水旱蝗兵《すいかんこうへい》という言葉がある。兵乱は民衆をまきこみ、洪水・旱魃・螽蝗の害とならんで、無辜《むこ》の民を大いに苦しめてきた。戦争のたびに農民は軍役に駆りだされ、糧食や家畜をなかば強制的に徴発され、あるいは略奪された。ときには、村里や耕地が戦場と化し、勝敗の別なく、惨憺たる結末だけが残される修羅場となることがたびたびだった。

戦乱はいつの世にも絶えることはない。とくに春秋戦国時代は内戦がしきりにおこった。天野元之助の調べによれば、春秋二百四十二年間に兵乱の数は大小二百九十七回を数え、つぎの戦国期二百四十八年間に勃発した内戦数をこれに加えると、その回数はじつに五百十九回に達したという(『中国古代農業の展開』)。それに周辺諸民族の中国侵寇も頻繁にあった。こうした戦争や外寇のあるたびに、人びとは家を焼かれ、家畜を失い、農地を荒らされて、路頭に迷うのであった。

それればかりではない。うちつづく戦乱はさまざまな後遺症をのこした。子華子は乱世の民衆の悲劇について、こう嘆いたと伝えられている。

民に疾癘《しつれい》多く、道に褓襁《ほうきよう》（まだおむつをしているような嬰児）、盲禿傴尫《もうとくうおう》（盲人・くる病患者など）多し。

（『呂氏春秋』季夏明理）

一家が離散したあげく、親を失った孤児が増え、悪い病気が蔓延して、身体不具者が激増した。閉鎖的な村落共同体のなかで暮す人びとにとって、襲ってくる兵乱も外寇も人為とは考えられず、水旱や蝗の災厄と同じように、超自然的存在の所業だと思われたであろう。共同体の内部ということはまったく無関係に、外部から理不尽に襲来してくるという点においても、その被害《ダメージ》が深刻だという点においても、水災や旱害、あるいは蝗害と、なんら変らなかったからである。戦乱の背後に人為を越えた超自然物の力を感じないわけにはいかなかったのである。

### ◈戦禍の怪

甘粛省渭源県は渭水の上流域に位置する。この地方では、かつてその河に棲む鰠《そう》魚があばれだすと、近隣の村々は大きな戦争に見舞われるといわれていた。

鳥鼠同穴《ちょうそどうけつ》の山……渭《い》水はここより出《い》でて東流して（黄）河にそそぐ。そのなかに鰠魚多し。その状は鱣《てん》魚のごとし。動けば則ちその邑に大兵あり。

（西山経次四経）

鱏魚がどんな怪魚か、推測する手がかりは引きあいにだされている鱣魚にある。郭璞は鱣は口が頷の下のほうにあり、体に連甲のある大魚だとし、チョウザメの類だといっている。『本草《ほんぞう》綱目《こうもく》』にも解説があり、そこでは、この鱣魚は大魚で、大きいものは重さ千余斤とか長さも二〜三丈ありなどと、どの書もおしなべて巨大な魚だといっている。注意をひくのは、郭璞が鮎鯉《でんり》とも書かれたと注記している点である（郝懿行は鮎鯉の鯉は魚の誤りだろうといっている）。というのは、鮎はわが国でいう鯰のことだからである。地下の大鯰が動くと大地震がおこるという俗信は、日本に広く分布しているし、地下の巨大な魚や亀が身動きすると、同じような災害が発生するという民間伝承は、中国を含め東アジアに広がっている（伊藤清司『日本神話と中国神話』）。渭水の巨大な鱏魚が動くと兵乱を惹きおこすというこの地方の俗信も、このような伝承から変化したのかもしれない。

しかし、鱣は別に「蛇に似る」（『韓非子』説林下）、「今、鱓（鱣と同音）の蛇と蚕の蠋とは状相類す」（『淮南子』説林訓）ともいわれ、蛇に似た魚らしい。したがって、もし、鱏も蛇や鰻のような魚の形をしていたとすれば、すぐ思いおこされるのは兵主神である。

## ◈兵主の神

兵主の神というのは、戦乱の中国を統一した秦の始皇帝が斉（山東省）の国を訪ねたときに拝祀し、のち、漢の高祖が沛《はい》（江蘇省内の地名）で祭ったといわれる例の戦さの神の蚩尤《しゆう》のことである。この蚩尤については、姿が牛形であるといわれ、また「人身・牛蹄・四目・六手」（『述異記』）だともいわれ、いろいろに伝えられているが、はたして蚩尤の原像が牛のイメージであったときめてかかっていいかどうか疑わしい。同じ『述異記』に、山西の太原地方の村々では、

蚩尤を祭るに牛頭（の仮面）を用いず。漢武（帝）のとき、太原に蚩尤神あり。昼見《あらわ》る。亀足・蛇首なり。

という。唐の蘇鶚《そがく》が撰集した『蘇氏演義』も、同じように蚩尤は「亀足・蛇身」であるといっている。この蚩尤は蚩蚘・蝨蚘とも書かれることがあり、ともに虫字から成っていることから、四足獣より蛇形の怪とするほうが相応しいように思われる。陳夢家《ちんぼうか》は蚩尤を蛇形とし、森安太郎も刺す長い虫＝蝮蛇《ふくだ》のイメージをもっているといい、熊谷治も蛇説を支持している（陳「商代的神話与巫術」・森「黄帝伝説」・熊谷「蚩尤考」）。

古代中国では、各地に独自に発生した神霊がのちに特定の神名に統一され、画一化されていくケースが少なくない。たとえば、農耕神の后稷《こうしょく》がその一例である。広い中国で、しかも長い間、諸国の抗争のつづく時代に、軍事の神がどの国でもすべて同一の姿をし、同一の名で呼ばれていたとはとうてい考えられない。後世、総括的に蚩尤という名で呼ばれるようになっても、ところによっては、依然としてむかしのイメージをとどめ、「獣身・人語」（『竜魚河図』）あるいは「人身・牛蹄・四目・六手」（『述異記』）の形をし、ところによっては、「八肱《こう》・八趾《し》・疏首《そ》」（『帰蔵』・『啓筮』）、また

地方によっては、「亀足・蛇首」の姿をしていると伝えられていたのではなかろうか。

ちなみに、蚩尤は暴虐であり、好んで戦乱をおこし、そのため、黄帝に討たれたという伝承がある（『山海経』大荒北経など）。その蚩尤と呼ばれた戦争の神々のなかに、蛇形のものもあったとするならば、同じように、蛇の姿をしていたらしい渭水の鰠魚も、危険な兵火の怪として恐れられていたということは、けっしてありえないことではない。

### ◈双頭・牛形の怪神

兵乱の怪神は各地の山川に居を構えていた。その形姿も属性も土地によって千差万別である。

> 槐江《かいこう》の山……爰《ここ》に淫水あり。その清きこと洛《らく》々たり。天神あり。その状は牛のごとくにして八足・二首・馬尾。その音は勃皇《ぼっこう》のごとし。見《あらわ》るれば則ちその邑に兵あり。（西山経次三経）

天神という名は、この槐江山の怪神を直接呼ぶのを恐れ憚かった忌み言葉であろう。すでにのべたように、狼をわが国で大神《オオカミ》と呼んだり、中国雲南で虎を山王と称したり（『滇行紀程続抄』）するたぐいである。ただし、その鳴き声の比較として引きあいにでている勃皇とは何ものか不明である。あるいはこの天神の姿からすると、いわゆる牛形の蚩尤のなかまではないかと思われる。足が八本で、首が二つというから、一見、二匹の四足獣から合成された怪物のようにも思われるが、むしろ、上述した『帰蔵』にいう蚩尤によく似ている。『帰蔵』は『易経』よりも古い占いの書といわれており、その逸文によれば、羊水に棲む蚩尤は「八肱・八趾・疏首」だという。疏首の意味がいまひとつはっきりしないが、疏には分つという意味があるから、二つの首のことかもしれない。もし二首とすれば、天神とよく吻合する。なお、二つの首といえば『述異記』では蚩尤は「四目・六手」だと説明している。四目とは二つの頭であるための四目だといえるし、六手は八肱のうちの二つの肱を二本の脚に見立てれば、残りの六肱は六本の手とみられる。そうなれば、四目・六手の蚩尤は、八肱・疏首の蚩尤、八足・二首の天神と同類の怪物と考えられるわけだ。出現する怪物の姿は、これに怯える人びとの心象の投影であるから、そのイメージを口述し、筆録する場合に、微細な喰い違いの生じることは当然ありうることだ。

### ◈戦乱の怪

甘粛省東部の小次山地方にも、兵火の怪の俗信があった。それは猿のイメージをもつ朱厭と呼ばれる怪物である。

小次の山……獣あり。その状は猿のごとくにして白首・赤足なり。名《なづ》けて朱厭《しゅえん》という。見《あらわ》るれば大兵あり。

（西山経次二経）

山川の鬼神の名には隠語らしきものが少なくない。朱厭もそのひとつかもしれない。中国の農民たちは鼬《いたち》を黄《ホワン》、はり鼠を白《パイ》、鼠を灰《ホイ》などとその毛の色で呼ぶ（永尾龍造『支那民俗志1』）。朱厭の厭は猿と音が通じる。その名は、あるいは四肢の赤い怪猿という意味であるかもしれない。
河南省鎮平県西北にそびえる倚帝《いてい》山にも猿《ましら》に似る兵主の怪が棲んでいた。

倚帝の山……獣あり。その状は鼣鼠《はいそ》のごとくにして白耳・白喙なり。名《なづ》けて狙如《しょじょ》という。見《あらわ》るれば則ちその国に大兵あり。（中山経次十一経）

鼣は鼠の一種（『爾雅』）で、狙は玃《かく》（さる）の類（『説文』）だという。猿廻しのことを昔、狙公と呼んだ（『荘子』斉物論）例もあるから、狙如は獮猴《さる》の姿をしていたのかもしれない。畢沅は巨猿のことだ

図25…鳧徯

ろうという。倚帝山麓には小次山地方の朱厭と類似した信仰があったのであろう。

### ◈山々に棲む戦禍の怪神

戦火の不安はどの地方にもあった。そのためか、兵主の怪神に関する信仰はじつに多い。その信仰も土地によって千差万別である。倚帝山の西方にある歴石山、および四川省東北地方の蛇山には、貍《り》あるいは狐のイメージをもつ兵主の怪が棲んでいた。

歴石の山……獣あり。その状は貍《り》のごとくにして白首・虎爪なり。名《なづ》けて梁渠《りようきよ》という。見《あらわ》るれば則ちその国に大兵あり。（中山経次十一経）

蛇山……獣あり。その状は狐のごとくにして白尾・長耳なり。狏狼《しろう》と名《なづ》く。見《あらわ》るれば則ち国内に兵あり。（中山経次九経）

鹿台山は朱厭信仰のある小次山の東方にあたる山岳で、ここには鳥の姿をもって現われる兵主の怪が棲む（図25）。

鹿台の山……鳥あり。その状は雄雞のごとくにして人面なり。名《なづ》けて鳧徯《ふけい》という。その鳴く

や自ら叫ぶなり。見《あらわ》るれば則ち兵あり。　（西山経次二経）

『太平御覧』に引かれているこの文章では、「鳧徯」が「島溪」となっている。したがって、この怪鳥が「鳧徯々（フーシ・フーシ）」と鳴いて出現したのか、それとも「島溪々（タオシ・タオシ）」と鳴いて人びとを脅したのか、今ではたしかめようもない。しかし、これが雞の姿をしていたという点では、『太平御覧』の文章は同じである。

図26…蚩尤像三種
（上右）山東省武梁祠画像石
（上左）山東省沂南古墓墓室前室北壁正中一段の画像
（下二種）同墓室前室北壁上横額の画像

図27…沂南古墓墓室前室北壁上横額の画像

## ◈画像石上の怪神たち

ところで、山東省沂《き》南にある漢代石製墳墓の前室北側の壁面に、陽刻された怪物図が見られる。その画像石の中央左寄りに大口を開け、獰猛《どうもう》な面相をし、左の手に戟をもち、右手に剣を振う怪物がいる。この図について劉銘恕は、同じ山東省にある武梁祠後室の画像石上の通称蚩尤図と比較し、共通点の多いことを指摘して、その怪物はやはり、兵主の怪神である蚩尤をあらわしたものであろうといっている（図26）（「関於沂南漢画像」）。これにたいし、林巳奈夫は蚩尤図に関する従来の説を批判し、この沂南の怪物図は、天神の使者として、その武力を振って邪悪な存在を撃退するさまを表現したものと説いている（「漢代の鬼神の世界」）。

かりに林説を是としても、この沂南の怪物図が兵主神のイメージを伝えるとする劉銘恕の解釈とそれほど齟齬してはいない。禳祓される対象だった邪鬼悪霊が、のち、しだいに位相を変え、とくに漢代以降になると、逆に邪鬼類を撃退する任務を帯びた善神的存在に転ずる例は少なくないからである。追儺《ついな》の主役を演じるようになった方相氏《ほうそうし》はその典型である。また、『山海経』には収録されていないが、鹿身で頭は雀に似て角があり、体に豹のような斑文があり、蛇の尾をした怪異な姿の大風の怪・飛廉《ひれん》が、漢王朝では神鳥として祭祀の対象となっている。軍事の神として、秦始皇帝や漢武帝の参詣をうけ、また、わが国でも祀られるようになった蚩尤神も、もとをただせば、戦火をまき散らす恐怖の怪物だったのである。

さて、沂南画像石上の兵主の怪の左端をみると、楯と長い矛をもつ竜蛇状の怪物があり、さらに兵主の怪の右に眼を転じると、鋭い牙や爪の怪物や剣を振う怪物・頭をさげて肉迫する一角獣・斧をもって突進する人頭独脚の怪などの図があり、それらにまじって弓をひく鶏に似た怪鳥の図もみられる（図27）。これら一連の怪物図は、兵乱に関係した鬼神たちの闘争の場面か、さもなければ、それぞれの武勇振りを描いたシーンではないかと思われる。そのなかの弦を張る怪鳥は、鹿台山の鳧徯《ふけい》のイメージをとどめる図か、それとも、つぎの鍾山に棲むという欽䲹《きんぴ》のような兵主の怪の面影を伝えるものであろう。

## ◈処罰された神々

黄帝が玉を採ったという伝説のある峚《みっ》山の西方に鍾山がそびえる。この山も伝説に彩られた神秘的な山で、そこにも兵乱の怪がいた。白首・赤喙で黒い体紋のある雕《ちょう》（おおわしの類）に似た欽䲹という怪で、それが現われると、大きな戦禍が発生するという。

その戦乱の怪の欽䲹には由来伝説がある。既述した旱魃の怪の鵕鳥の伝承（四八頁）とも関連しているが、つぎのような伝説である。

鍾山、その（山神）子を鼓という。その状は人面にして竜身なり。これ欽䲹とともに葆江《ほうこう》を昆《こん》侖《ろん》の陽《みなみ》に殺せり。（天）帝はすなわち、これを鍾山の東の嶢崖《ようがい》といえる（場所）に戮《りく》す（処刑した）。欽䲹は化して大鶚《がく》となる。その状は雕のごとくして、黒文・白首・赤喙にして虎爪。その音は晨鵠（鴨のこと）のごとし。見《あらわ》るれば則ち大兵あり。鼓もまた化して鵕鳥となる。その状は鴟《し》（ふくろう）のごとく、赤足にして直喙、黄文にして白首。その音は鵠（はくちょうの一種）のごとし。見《あらわ》るれば則ちその邑に大旱あり。

（西山経次三経）

欽䲹と竜身の鼓（図28）が天帝の誅伐を蒙って死に、のち再生して、ともに鳥の姿に変ったという神話である。欽䲹についても鼓と同じように、刑死以前は竜蛇か獣形をしていた可能性があるというのは、章懐太子の引く『山海経』の文中では、欽䲹は欽駓と書かれている。『後漢書』（張衡伝）に引かれた文章でも、同じように欽駓と駓字が馬偏となっており、それが化して猛禽に変ったというのなら、前身が同じ鳥であるよりは獣形であった方が理にかなっているからである。

欽䲹が兵主の怪とされたのは、天帝に処刑されるほどに事を構えることを好み、武力を使って葆江を殺害したという伝承と無関係ではないかもしれない。ちなみに、既述のように、黄帝に誅殺されたといわれる兵主の怪・蚩尤も、好んで武力を行使したという伝承の持ち主であった。

死のいわれは伝えられてないが、非業の最期をとげたと思われる死者の霊が人びとを脅かす悪鬼に変じた例として、顓頊《せんぎょく》の三人の息子の名があげられる。

かれらは死ぬと、その魂はさまよって疾病神になった。そのひとりは揚子江に棲み瘧鬼《ぎゃくき》（マラリヤなどのおこり病の神）と化し、もうひとりは若水《じゃく》という川に棲む魍魎《もうりょう》となった。残りのひとりは小鬼となり、人家の片隅や日の当らない湿気の多い物置にひそみ、子どもらを脅して、ひきつけや夜泣きをおこさせた。

（『捜神記』十六）

### ◈追放された凶神たち

このように凶悪を働く怪物・鬼神のなかには、かつて誅罰を被ったという経歴の持ち主が少なくない。たとえば、『左伝』に伝えるいわゆる四凶がその好例である。

その昔、帝鴻《こう》氏に渾敦《こんとん》という不肖の息子がいた。少皞《こう》氏にもまた不肖の子がおり、道徳を蔑《さげす》み、徳のある人物の悪口をいいふらした。人びとはかれを嫌って窮奇《きゅうき》と呼んだ。顓頊《せんぎょく》氏

図28…鼓

にも檮杌《とうこつ》という不才の子がおり、悪事を働いた。これら三凶のほかに、縉雲氏にも饕餮《とうてつ》という息子がおり、三凶に負けずおとらぬ無頼者であった。舜《しゅん》が登用されて堯帝の重臣となると、これら四凶を流罪に処し、四方の辺境に追放した。

（文公十八年の条の要約）

なお、伝説はこの「外なる世界」に追われた怪物たちが、のち国境にいて人びとを脅かす魑魅魍魎を防禦撃攘する役目を荷うようになったと語っている。そして漢代になると、かれらは方相氏に従って大儺に活躍する十二神獣に名をつらねている。蚩尤について述べたさいに、はじめ払除の対象であった妖怪が、のちに邪鬼を撃退する善の存在に転身する例について触れた（八〇頁）。これら四凶もその例に加えることができるだろう。

鍾山の神の子の欽䲹に以上のような神話伝説があったということは、出現すれば必ず兵乱がおこると伝えられる天神・朱厭・狙如・梁渠・犰狼・梟徯等の兵火の怪神についても、人を好んで啖《く》う妖怪や水害・旱魃の災厄の怪、あるいは火災・大風の怪その他の怪神についても、同じように、かつてそれぞれの由来を語る神話伝説があった可能性がある。しかし、『山海経』のなかには、そうした神話伝説はきわめて少ない。欽䲹や鼓の伝承はむしろ例外的であるといっていい。『山海経』を古代神話伝説の書だという見解が一部にあるが、この説は山経に関するかぎり当らない。山経が対象として扱っているのは神話伝説そのものではないのである。

## ◈労役の怪神

水旱蝗兵《すいかんこうへい》の災厄は人びとの生活を破綻に陥しいれたが、それに追い打ちをかけて苦しめたのが苛酷な賦役であった。とくに邑制国家から領域国家へとその政治社会が発展し、中央権力が大きくなるにつれて、強制労役はいよいよ過重となり、人びとの暮しを圧迫し、そのため、かずかずの悲劇を生んでいった。大小の治水灌漑工事の労働はもっぱら地域の邑人たちの負担で行なわれたし、公田その他の山野の開墾にも邑人が徴発された。農事にかかわる作業だけにとどまらない。築城をはじめ、為政者の居館・殿閣の建設、陵墓の構築、そのほかの公事にも、民力の供出が頻繁に需められた。『管子』にこう語っている。

春は十日、耕事を害《そこな》わず、夏は十日、芸《うん》事(草取りをすること)を害わず、秋は十日、実は斂《おさ》むる(収穫作業)を害わず、冬は二十日、田を除する(春の耕作に備え払い浄める仕事)を害わず。(山国軌)

徭役によって民衆の稼業を妨げることのないようにと説いている。『礼記』その他の書にも、賦役の過重、ことに農繁期の使役を戒しめる記事がしばしば認められる。戒しめが必要であったほどに、邑人たちの稼穡を妨害し、農民たちを嘆かせる労役がきわめて多いのが実相であった。『晏子春秋』はつぎのようにのべ、当時の楚国の人びとの嘆きぶりをしのばせている。

楚の霊王は傾宮《けいきゅう》(りっぱな大宮殿)を造営して、まだ三年もたっていないのに、また章華の台(御殿)を造り、五年たっていない。それに乾溪《かんけい》の役があって八年。百姓の力足らずして息《や》む(民衆は疲弊困憊している)。　(巻二)

程度のちがいはあっても、労役はどこの国の人びとにとっても堪え難い過重な負担であった。かくして、人びとは「土功の怪」という奇怪な存在に怯えていたのである。

盧其《ろき》の山、草木なく沙石多し。沙水はここより出《い》でて南流して涔《しん》水にそそぐ。そのなかに鵹鶘《れいこ》多し。その状は鴛鴦《えんおう》のごとくにして人足なり。その鳴くや自ら訆《よ》ぶなり。見《あらわ》るれば則ちその国に土功多し。　(東山経次二経)

沙水流域の邑人たちが忌み嫌った鵹鶘とは、郭璞の説くとおり、鵜鶘《ていこ》、つまりガランチョウ(ペリカンの属)のことらしい。ただし「鵹鶘」とは「鵜鶘」の誤字なのではない。この水鳥の啼き声を文字化して呼称とするさいに、ふたとおりの表記となったのだろう。この鳥は水中の小魚を貪欲に食うため、俗に洿河《こか》とか淘《とう》河とも称された。『荘子』に、「魚は網を恐れないが、鵜鶘を恐れる」(外物篇)と説いているのも、この鳥が川や沢の小魚を漁って喰い荒らす性質を強調したものである。すでに『詩経』(曹風・候人)にも、鵜鶘は川魚に貪婪《どんらん》な悪鳥とされている。なお、この鳥が淘河という名をもつにいたった由来として、肉塊を盗んで河に逃げ込んだ男が化したという伝説があり、淘河とは逃河のことだともいわれている。また、漢の昭帝の世に、この鳥が昌邑王殿に飛来して、ひと騒動を惹きおこしたと伝えられている（『漢書』五行志）。とかく暗い不吉なイメージにまとわれている鳥である。

なぜ、凶鳥がとくに土木工事に関係づけられて、忌避されたのかはまったくわからない。「洿河」（河を洿《ほ》る、または汚《よご》す）、「淘河」（河を淘《よな》ぐ）という俗称が暗示するように、川底の泥砂を浚ったり運んだりする浚渫《しゅんせつ》作業や築堤《てい》工事を連想させたからであろうか。それとも、この鳥と土木工事とを関連づける伝説がかつてあったのかもしれない。

### ◈賦役の怪

異獣奇鳥が出現すると忌《いま》わしい徭役を招くとする俗信は、柜《く》山や堯光《ぎょうこう》山の裾野一帯にもひろ

図29…猾裹

がっていた。

柜山……獣あり。その状は豚のごとくにして距《けづめ》あり。その音は狗の吠えるがごとし。その名を貍力《りりよく》という。見《あらわ》るればその県に土功多し。（南山経次二経）

堯光の山……獣あり。その状は人のごとくにして彘の鬣《たてがみ》あり。穴居して冬に蟄《ちつ》す。その名を猾褢《かつかい》という。その音は木を斲《き》るがごとし。見《あらわ》るれば則ち県に大繇《よう》あり。（南山経次二経）

貍力も猾褢（図29）も鴑鶘と同様に実在の動物のイメージがつよいが、具体的な獣名まではわからない。どちらの名も『山海経』以外の他の文献には登場しない。あるいはこれらは隠語であろうか。これらにもやはり失われた神話伝説があったのかもしれないが、それも今では不明である。暴風雨の神や日照りの神のような自然現象の神霊化ならともかく、賦役という人為的な現象を神格化した例は他にあまり聞かないが、戦禍を厭う人びとが兵火の怪の実在を信じていたのと同様な心理に由来するのであろう。人びとが土木工事などのための強制労役にいかに怯えていたかを物語っている。孔子が「苛政は虎よりも猛し」といったその苛政とは、このような苛酷な徭役のことであったのかもしれない（三頁）。

# 五——悪鬼博物誌《カタログ》——災いをさける方法

## ◈怪力乱神を語る

孔子は「怪力乱神を語らず」(『論語』述而)といった。かれが口にすることをはばかった怪力乱神とは「怪異・勇力・悖乱《はいらん》之事・非理之正」、つまり、アブノーマルで非合理な事象の意味だといわれている(朱熹の注)。そのなかでもっとも強調されているもの、あるいはもっとも端的なものは超自然的な現象、つまり怪神・妖怪の実在のことであったと思われる。

ところで、おそらく弟子の子路を戒めたと思われるこの訓戒を通じて、安井息軒はひとり子路に限らず、当時の人びとはおしなべて、不安な暮しのなかで、ことあるごとに怪力乱神の噂さをしていたであろうと思われると、語っている(『論語集説』巻二)が、安井の想像はまことに炯眼というべきである。幼少時代、暮しのために、百里の径《みち》を荷を背負って山間を往復した過去が子路にあった(『孔子家語』致思)。かれは「危険な空間」をしばしば通らなければならなかった。長じて大力の持ち主として一門に聞えた子路ではあったが、そうした過去の恐怖の体験が、師に怪力乱神を軽々しく口にせずという言葉を吐かせたことは、おおいにありうることである。

この訓戒はむしろ逆説として意味をもつ。当時の村びとたちの間で、しばしば妖怪・鬼神が話題にのぼっていたことについて、『墨子』は大要つぎのように伝えている。

試《ため》しにどの邑でもいいからいって訊ねてみるがいい。大昔から今日まで、民衆は妖怪・鬼神の姿を目撃したことがあるといい、また、その鳴き声を耳にしたことがあるという。妖怪・鬼神はまちがいなく実在するのだ。（明鬼下）

だが、世間には、妖怪・鬼神に関するこのような村びとの話を、迷信だの、錯覚だのといって、耳を借さず、この世にそんな物が存在するはずがないといって、真《ま》にうけようとしない小ざかしい人びとが多いが、「聖人」と称されるような明達の士や真の有識者の目には、確かにそれらは見えるのだと『淮南子』はつぎのようにいう。

……水は蠬蜃《りようしん》（貝類）を生じ、山は金玉を生じ、久しき血は燐を生ず。人は怪しまざるなり。山は嘄陽《きようよう》（山の怪）を生じ、水は罔象《もうしよう》（水の怪）を生じ、木は畢方（火の怪）を生じ、井は墳羊（土の怪）を生ず。人はこれを怪しむ。見聞鮮《すくな》くして、物を識る浅きなり。天下の怪物は聖人の独《ひと》り見るところ、利害の反覆は知者の独り明達するところなり。（氾論訓）

### ◈孔子と怪力乱神

孔子が意図的に妖怪や鬼神を語らなかったとしても、かれがそれらについて無知であったのでもなく、関心を寄せていなかったわけでもない。子産の逸話に認められるとおり、むしろ、実体によく通暁していたからこそ、それらを軽々しく語ることをさけようと努めたというのが真相だったのだ。古書には、孔子が怪力乱神について語った逸話がいくつか載っている。ことの真偽は別としても、この分野でも孔子が博識であったことを暗示する逸話である。『孔子家語』に次の話がみえる。

斉の国に一足の鳥が飛来し、宮殿にとまった。斉の君は愕《おどろ》き、さっそく使者を孔子のもとに遣わし、この怪異な鳥について問いあわせた。すると、孔子は「商羊だろう」と答え、例によってひとくさり、それについて講釈をしたうえ、「大雨が必至である。大急ぎ人民に渠溝《きょこう》（水路）の底を浚い、堤防を補修させなさい」といった。斉君はそれを聞いて慌てて民衆に水防の指令を出した。はたして孔子のいうとおり、まもなく大雨が降りつづき、各地に洪水が発生した。だが、斉の国はおかげで災禍をまぬがれたのである。

（辯政篇の要旨。『説苑』辨物にもほぼ同文）

一本脚の怪鳥の商羊が現われると大水があるという伝承が、おそらく当時伝えられており、孔子はそれを承知していたに違いない。『史記』孔子世家や『国語』魯語下にも、これと同じような孔子の怪物通《つう》を示す話がある。それは要約すれば、つぎのような内容である。

呉が越の国を討ち、会稽山《かいけいざん》にあった城を毀したとき、たまたま得体のしれない大きな骨を発見した。車台に乗せきらないほどの巨大な骨であった。呉王は使者を立てて、孔子にその骨について訊ねると、彼はこれにたいして、

「昔、禹《う》が天下の神々を会稽山に召集したとき、防風氏が遅参した。禹はこれを誅殺して屍をさらした。防風氏はとてつもなく大きな図体をしていたので、わずか骨一本で車一台分はあるといわれるから、たぶん、それにまちがいないだろう」

と答えた。そこで呉の使者は、防風氏とはどういう神ですかと重ねて訊ねた。すると、孔子はそれに応じて、つぎのように説いた。

「山川の神は以て天下を綱紀するに足る。その守りを神となす。……防風氏は封禺山を守る」

つまり、各地の山川には鬼神がおり、それらが風雨を掌って人民を罰したり、また恵みをもたらしている。そうした鬼神のひとつが防風氏で、それは封山・禺山に居る巨大な体の鬼神であるというのであった。

いる。

### ◈山の怪・水の怪

『史記』は、孔子が怪力乱神によく通暁していたことを語るもうひとつのエピソードを誌している。

魯《ろ》の季桓子が井戸を掘って土製の容器を見つけた。そのなかに羊のようなものが入っていた。「犬のようだが……」と偽り、その得体のしれない物がなにかを孔子に訊ねた。すると、

「木石（山林）の怪は夔《き》（一足獣）罔閬《もうりょう》（魍魎《もうりょう》）であり、水（川沢）の怪は竜罔象であり、土の怪は羵《ふん》羊《よう》（両性具有の羊の怪）であると、私は聞いております」

と答えた。

木石の怪・水の怪・土の怪と類別したのは、妖怪・鬼神がそれぞれ固有の棲み処《か》をもっていたからである。このように、同じく妖怪・鬼神といっても、山林に棲むものもあれば、川沢にいるものもあり、棲み処が分れていたことは、『荘子』にも、「水には罔象あり、丘には峷《しん》（角をいただき、体に五色の模様のある狗に似た獣）あり」（達生）とあり、また『淮南子』にも「山は嘄陽《きょうよう》（人の形をした毛深い山の怪）を生じ、水は罔象を生ずる」（氾論訓）と誌している。

『山海経』山経には、

基山……その陰（北側斜面）に怪木多し。（南山経次一経）

章莪の山、草木なく……為すところ甚だ怪なり。（西山経次三経）

苟牀《こうしょう》の山、草木なく、怪石多し。（中山経次五経）

岷山、江水はここより出《い》でて東に流れて大江にそそぐ。そのなかに怪蛇多し。（中山経次九経）

と、各地の山川に怪物の棲むことを伝えているが、それらは孔子がいう木石の怪や水の怪の類に該当するものであろう。ただし、それらの怪がすべて夔《き》（図30）とか魍魎《もうりょう》とか罔象《もうしょう》と呼ばれていたのではない。たぶん、夔・魍魎は山の怪・川の怪のなかでもっとも人口に膾炙していた怪物の名であるか、さもなければ、それらの総称であったと思われる。苟牀山の怪石にしろ、江水の怪蛇にしろ、またたとえば、つぎに掲げる陳倉の怪石にしろ、固有の呼び名があり、特有の伝説が語られていたものと思われる。

その陳倉（陝西省宝鶏県の東）の怪石伝説とは、おおむねつぎのような話である。

秦の文公十九（前七四四）年に、公は怪しげな石を手に入れたので、これを陳倉の北阪城で祀った。ところが、その神はある年は来臨しないが、またある年はいくどもやってきて、現れるときは、いつも闇夜に乗じて、東南の方角より流星のように光り輝きながら来臨した。そのとき、神は雄雞のような姿になり、鳴き声をあげる。すると、その響きわたる声に呼応するように、野生の雞が暁でもないのに一斉に鳴いた。この怪しげな石は陳倉の宝物という意味で陳宝と呼び、尊崇された。

（『史記』封禅書・秦本紀、『捜神記』八）

### ◈個性ある山川の鬼神たち

山川の妖怪・鬼神にはそれぞれ固有の名があり、きまった棲み処があった。つまり、山野を跳梁する野獣猛禽にも、地を匍いまわる蝮蛇にも、各自の古巣があるように、妖怪・鬼神にも定

図30…殷銅鼎の夔紋

まった居所があった。すでに強調したように、かれらはいたずらに山野を彷徨する無宿ものではない。

晋の平公が澮水（山西省翼城県東南）のほとりで、馬車に乗ってくる異様な物に出遇った。狸のような獣だが、狐の尾をしていた。

平公は師曠《しこう》に、「かくかくの姿をしていたが、あれはいったい何物か？」と訊ねた。すると、師曠は、

「狸身にして狐の尾。その名を首陽（山西省永済県東南の山名）の神と曰《い》う」

と答えた（『太平広記』二九一引く『古文瑣語』）という。

また、斉の桓公が孤竹国を討伐し、卑耳《ひじ》の渓谷（山西省平陸県西北）にさしかかる十里ばかり手前で、突然、身の丈《たけ》がわずか一尺ほどの、冠をつけた矮小な物が裾をからげて、桓公の馬前を疾風のように馳け去った。桓公は管仲にその物について問うと、彼はすかさず、

「登山の神の俞児《ゆじ》です」

と答えたと伝えられる（『管子』小問）。

つまり、狸身で狐尾の怪物の棲み処は首陽山であり、人の姿をした矮小な鬼神は俞児と呼ばれ、その住所は登山という名の山であったのである。

くりかえしていうが、「外なる世界」に棲む妖怪・鬼神たちにはそれぞれ個性があった。各自独特な姿をし、それとわかる鳴き声でなき、特定の山林や川沢のなかにそれぞれの住まいをもって

いた。そしてかれらの特有の呼び名が伝えられていた。

### ◈鼎の上の怪神像

紀元前六〇六年、当時一級の強国にのしあがった楚がその権勢にまかせて、周王室伝来の宝器である九鼎の重軽を問い、権威の衰えた周の定王を見くだした。そのとき、周の大夫の王孫満は、鼎の価値はその大小軽重にあるのではなく、これを保持する者の徳の有無によってきまるのだと反論した。そのさい、かれは鼎の上に鋳こまれた図像に触れて、こういっている。

> 昔、夏のまさに徳を有するや、遠方が物を図し、金を九牧（地方の長官）に貢し、鼎を鋳て物を象《かたど》る。百物をしてこれが備えを為し、民をして神姦《かん》を知らしむ。ゆえに民が川沢山林に入りて不若《ふじやく》に逢《あ》わず、魑魅罔両《ちみもうりよう》、能くこれに逢うことなし。（『左伝』宣公三年）

ここでいう「物」とはいうまでもなく怪物、つまり、魑魅魍魎（山の怪・水の怪）のこと。事実、この文のあとのほうでそういいかえている。「百物」は各山川に棲む凡百の怪物のこと、「神姦」とは神異姦怪（『左伝』会箋の解説）、いわゆる怪力乱神のこと、そして川沢山林にいる「不若」とは怪物のことである。この文とほぼ同内容を伝えている『論衡』（儒増篇）の文中では「不若」を「悪物」といいかえている。ようするに、物・百物・神姦・不若は、いずれも山川に巣食う妖怪・鬼神をさす同義語《シノニム》なのである。

王孫満の発言の趣旨は、夏王朝の全盛期に、遠方の諸国がその地方の怪神の像を描いて献上し、各地の行政長官が金属を上納したので、夏王はそれで鼎を作り、その上に各地の怪神像を鋳こんだ。これによって多くの妖怪・鬼神の姿を人びとにあらかじめ認識させ、識別させるように工夫したため、万一、民衆が山林や川沢に入ることがあっても、出遇った妖怪・鬼神を見分けることができ、その厄害に逢わずにすむようになった、ということである。

## ◈青銅器上の怪神

ご承知のとおり、殷周時代の青銅器にはさまざまな怪奇な図像記号が鋳こめられている（図31）。林巳奈夫はそれらの図像記号のなかに、百物怪神の範疇に属するものがあることを指摘している（「殷周青銅器の図像記号」）。ただし、林の説いているとおりだとしても、それら怪神像がたしかに王孫満のいうような厄害予防の目的で鋳造されたとは考えられない。また林は、青銅器上の図像記号はもともと民族集団によって祭祀された族神を表わした神像、ないしそれをシンボライズした記号に由来するものだといっている。しかし、『山海経』に登場する妖怪・鬼神のなかには、怨霊の化したものや、アニミズムに根ざしたものなどが含まれていると考えられ、かならずしも、すべてが族神的前身をもち、やがて歴史とともに零落して、妖怪・鬼神に変貌したものばかりとは考えられない。殷周青銅器上の図像のもつ意味については、なお検討課題が残されているが、いずれにしろ、青銅器の多くは祭器・礼器として使用されたものであり、この点からも、王孫満の説明はそのまま事実とは認められない。

それにもかかわらず、王孫満の鼎上怪神図説は『山海経』の成立を考究するうえで、貴重な示唆を与えてくれる。

図31…青銅器上のさまざまな怪獣紋
(上) 獣面紋卣蓋　殷末
(中) 龍紋匽侯盂　西周初
(下左) 魚龍紋盤　西周末
(下右) 獣面紋大鉞　殷末

## ◈「山海図」と『山海経』

この問題に触れる前に、まず「山海図」について述べておきたい。現在流布している『山海経』の文中または巻末に、怪神などの絵図が入っており、しばしば引用され、珍重されている。しかし、これらの図像は明代以後の作品であって、おそらく、本文の説明をもとに適当に描いた想像図にすぎまい。

かつては梁の張僧繇《よう》の画いた「怪神図」があり、それをもとにして、宋代に『山海経図十巻』（舒雅修の作）が作られたという伝承があった。しかも、張僧繇よりもさらに昔の晋代の陶淵明の「山海経を読む」と題する詩のなかに「山海図を流観す」という句があるので、張の描いたものとは別の図があって、それを陶淵明がみていたことになる。それればかりではない。『山海経』に最初の註解をつけた晋の郭璞に「山海経図讃」という題名の韻文集がある。これを見れば、郭璞も『山海経』の図を確かにみていたことが窺われる。『山海経』の図は相当古くから流布していたわけだ。ただし、それらがどのような絵画であり、いつごろ描かれたものか、また現行の図にどのようなかかわりをもつのかなどは、現在なんの手がかりもなく、委細はまったく明らかではない。

これらの謎について、はじめに「山海図」（図32）があり、その絵解《と》きとして説明文が綴られ、それがやがて『山海経』となり、他方、「山海図」のほうは散逸してしまった、という仮説が昔から唱えられてきた。明代の楊慎《ようしん》はその説をとる代表的なひとりで、かれは「山海図」とは鼎に鋳こまれた怪物の類を集成した図録だとのべている（「山海経後叙」）。

この楊慎の見解は、郭璞の「山海経図讃」の存在や、王孫満の言葉を基にして想像した仮説にすぎず、確かな根拠はないだろうが、自由な想像が許されるならば、つぎの仮説も考えられよう。

——王孫満のいうように、（王孫満の発言にいう夏王朝時代のことかどうかは別として）諸国の長官がその土地の妖怪・鬼神の図像を描いて中央に報告し、何者かがそれらの報告を集成し、編述した。それがまさしく『山海経』のベースとなる文献、いわば『原山海経』である。

## ◈物識りと「百物録」

王孫満の鼎上怪神図説のなかで、さらに注目されるのは、あらかじめ妖怪・鬼神を識別するこ

図32…山海経的世界の図
河南省輝県山彪鎮一号墓出土の奩（れん＝こばこ）上の刻紋　春秋後期
中央は山上・山腹に樹林のある山を示す。周囲に野獣・怪物がいる。

とによって、災厄をまぬがれることが可能だというその効用説である。

本章においてすでに見たように、晋の平公が澮水のほとりで馬車に乗る狸身・狐尾の怪物に出遇ったとき、師曠はその現前の姿から首陽山の神だと指摘し、斉の桓公が卑耳の渓谷で小童の怪物を見たとき、管仲は登山の俞《ゆ》児という神だといい当てた。さらに孔子は一足の怪鳥が飛来したことについて、それは商羊という水の怪であるといって、洪水の対策を講じさせ、無事、水害をまぬがれた。

管仲・師曠、そして孔子らは、いったい、それら怪力乱神についての知識をどこで会得していたのであろうか。凡百の怪神について豊富な知識をもっていなければ、質問に適確に答えることができなかったはずだ。たとえ、管仲らの以上の逸話はあるいは史実そのままではなかったにせよ、当時の有識者のなかに、山川の鬼神・百物について相当の知識をもっていた者がいて、「それは某山の神の某々だ」・「あれは某川の某々という怪物」だと教えて、人びとの期待に応えていたことがこの話の土台になっている。つまり、百物についてよく識る者、いわゆる「物識り」たちの存在が、孔子や管仲など当時第一等の有識者の名に仮託されて語られたのが、上述の逸話となったのであろう。そのさい、当時の物識りたちは「百物録」とでもいうべき凡百の怪物についての知識をうるための提要を、おそらく所持、あるいは承知していたにちがいない。

ところで、山川に棲むもろもろの妖怪・鬼神たちの名称を記録し、それにそれぞれの属性を付記した戸籍——それがほかでもない『山海経』の山経の主要部なのである。つまり、山経は、中国各地の山林川沢に棲む怪力乱神ならびに野生の猛禽獣や蝮蛇類の博物誌、いいかえれば、人びとがもっとも恐れ嫌っていた山川の札つき悪党どものリスト、いわば山川の『悪紳士録』なのである。

### ◈怪神と人間との出会い

ところで、妖怪・鬼神たちと「内なる世界」の人びとの出会いはどのような機会であったのかというと、おおむね二つのケースに分けられる。その第一のケースは、妖怪・鬼神自身が「内なる世界」に侵入した場合である。このケースについては、すでに斉の宮殿に飛来した水の怪・商羊や晋の平公の病いをひきおこした汾水の神・台駘などの例をあげているので、ここでは改めて事例をあげるまでもないだろう。もうひとつのケースのほうも、じつはすでにあげた事例のなかに含まれている。それは人間が「外なる世界」に立ち入り、妖怪・鬼神の領域を侵した場合である。改めて新しい事例を示すならば、つぎのようなケースである。

斉の景公が宋国を攻略するため、軍勢をひきつれて泰山の麓を通過したときのことである。一夜、景公の夢にふたりの巨漢が現われ、激怒して、かれの行く手に立ち拒《ふさ》がった。愕《おどろ》いて醒《さ》め、夢のなかの巨人が何者かを占わせたところ、「それは泰山の神で、景公の仕打ちを怒っている」とのことであった。景公はさっそく祝史に命じて、泰山の神をねんごろに祀らせた。

（『晏子春秋』巻一）

このあとで、晏子は占夢者の言をしりぞけてはいるが、景公の枕許に泰山の神が巨人の姿で示現したのは、無断で神の領域を侵したことにたいする怒りのあらわれとされたのであった。それ自体は夢の上の出来事とはいえ、これも人間が「外なる世界」を侵犯した結果、生じた鬼神との遭遇のひとつのケースである。同じことはすでに紹介した卑耳の渓谷における斉の桓公と登山の兪児との出会いについてもいえる(九六頁)。

## ◈秦始皇と湘山の神

秦の始皇帝と湘山の神との出会いは、よりよい事例となる。皇帝が南方へ巡遊し、長江を渡る途中、にわかの大風に遭遇して、その御座船が翻弄され、進むことができなくなった。皇帝はその暴風が湘山の神の仕業と知って激昂した。そしてそのあと、囚人三千人を動員して、山中の樹木を残らず伐り倒させ、全山を丸裸にして湘山の神に報復したのである(『史記』秦始皇本紀)。

なお、その復讐に先立って、始皇帝は同行の博士に向って、「その湘山の神はなんという神か?」と訊ねた。それにたいし、博士は「堯《ぎよう》の娘で、舜の妃だと聞いています」と答えている。これには伝説があった。堯のふたりの娘である娥皇《がこう》と女英は帝舜の后妃で、舜が南方を旅行中に死んだあとを追って、彼女らも湘水の渚で殉死した。その屍が湘山に葬られたというのである。

ところで、湘山の神は湘君・湘夫人と呼ばれ、洞庭湖の水域におこる暴風雨の元凶である鬼神とされてきた(図33)。岡本正の論じたように、舜のふたりの妃の伝説がこの湘君・湘夫人の神に付会されて同化し、早くのころから、同行博士の発言のような伝承に変化していたのであろう（「湘君湘夫人伝説について」）。

『山海経』は洞庭山にも同じような風雨を司る女神が棲んでいることを伝えている。

洞庭の山……帝の二女はこれに居る。これつねに江淵（長江の淵）に遊ぶ。澧沅《れいげん》（澧水と沅水）の風は瀟湘《しょうしょう》（瀟水と湘水）の淵に交わる。これ九江の間に在り、出入には必ず飄《ひょう》風暴雨をもってす。

（中山経次十二経）

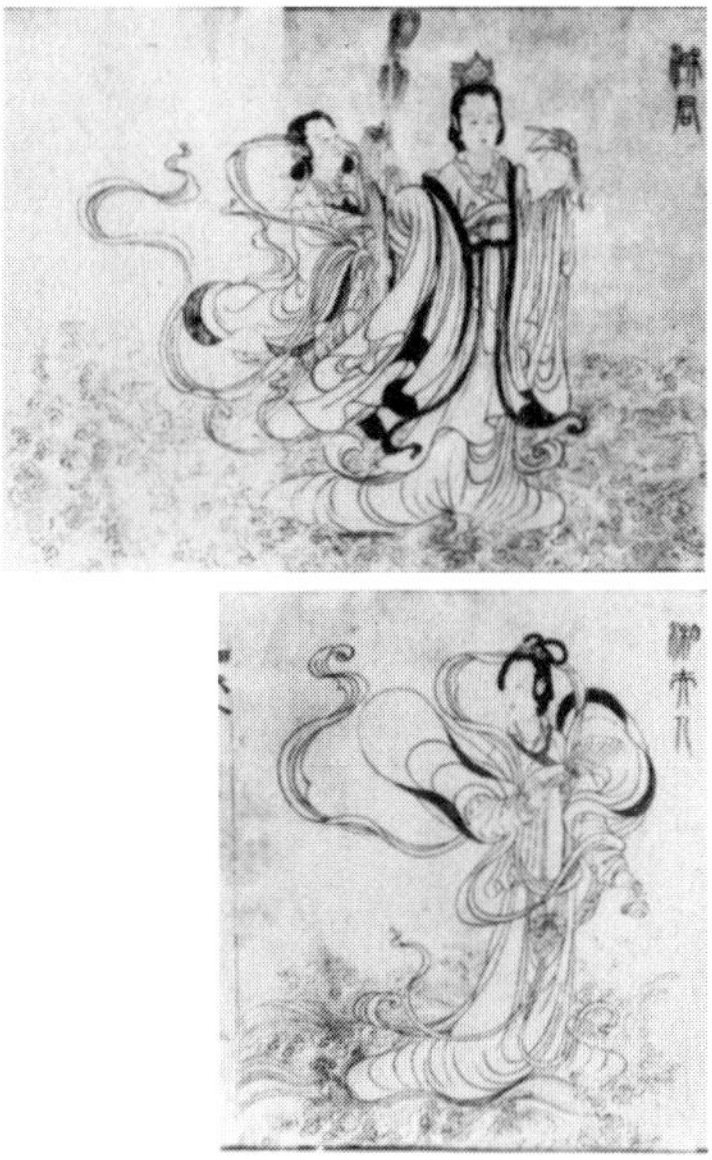

図33…湘君・湘夫人　元・張渥　九歌図より

この洞庭山が、始皇帝の乗船を阻んだ嵐の神の鎮座する湘山と同一の山であったかどうかは定かではないため、洞庭山に鎮座するふたりの天神の娘たちが湘山の湘君・湘夫人とどのような関係にあるのかも明らかではない。湘夫人という呼び名からして女神であることは確かだが、湘君のほうは男神らしくもあり、両者は夫婦神であるとも考えられ、かならずしも姉妹神だとはいえない。だが、湘山の神と洞庭山の神は同一ではないとしても、両山は地理的にはごく隣接しているから、両地方の人びとが同質の信仰をそれぞれの山に持っていた可能性はおおいにありうる。

## ◈始皇帝に怒る泰山の神

秦の始皇帝が湘山の祟りに報復し、全山を丸裸にしたのは、皇帝という称号を用いる者にふさわしい、神霊をも恐れぬ彼らしい行為であった。始皇帝は中国世界の最高権力者の威光をことさらに誇示しようとした。山東の泰山でも、また同じようなことをしている。かれは泰山に車道を開き、車に乗ったままで登頂しようとした。そのとき、有識者は「山の上の石や草木を傷めてはいけません。車輪を蒲で包んでお登りください」と建言した。それは一木一草たりとも泰山の神のものである。だから、それを車輪で蹂躙して、傷めたり汚したりし、神の怒りを買わないためであった。だが、彼はろくな祭祀もせず、有識者の忠告にも耳を借さずに山に登り、山頂で封禅という儀式を挙行した。はたして、彼は山腹で激しい暴風雨に見舞われたのである。人びとはそれを聞いて、それみたことかと、始皇帝を非難したと『史記』は伝えている。人びとは聖なる空間を冒瀆する者にたいする山の神の怒りを、改めて痛感したことであろう。始皇帝の湘山や泰山での話は、いかにも専制君主らしい彼の権勢ぶりを語る逸話であるとともに、鬼神の聖域の尊厳とこれを犯すものにたいする咎殃を説く物語でもあったのである。

### ◈妖怪・鬼神撃退法

妖怪・鬼神が「内なる世界」に侵入する場合にしろ、人間が「外なる世界」を侵犯するときにしろ、両者の遭遇は避けがたいものがあった。しかし、不可避であったとしても、人びとはそのさい、妖怪・鬼神のくだす災厄をただ手を拱いて甘受したのではない。彼らはその咎殃を極力最小限度にとどめ、緩和しようと努めた。それが人間の智慧というものであった。人畜を損う猛獣・毒蛇を火や罠や弓矢で撃退し、うち斃すようにはいかなかったとしても、被害を回避する努力が試みられ、対策が講じられた。

では、どのような対策をとったかというと、出現する妖怪を威嚇して撃退するか、あるいは、怪神に宥恕を乞うて、すみやかな退散を期待する方法を執り行なった。

人びとは妖怪・鬼神に遭遇したとき、かれらを退散させ、その災禍を回避するための各種の呪術を用いた。その呪術とは、対抗呪術、つまり相手よりも強力な妖怪・鬼神の名前を大声で語ったり、それぞれの怪物に仮装した物を持ちだして、相手を威嚇し、撃退することである。仮装物については、さきにも触れた方相氏ならびに窮奇など十二神獣の仮装の登場(八四頁)はその好い例である。後世、大儺《たいだ》（歳末の鬼やらい）で、疫鬼などを撃攘する役の鬼も（図34）、もともとは魑魅魍魎の仲間で、人間社会に災厄をもたらす疫鬼の一味であった（小林太市郎『漢唐古俗と明器土偶』、伊藤清司「古代中国の仮装と祭儀」）。

出現した怪物の名を大声で呼んで、その正体を暴露する方法については、つぎのようなものが想像される。晋の葛洪《かつこう》は『抱朴子《ほうぼく》』の登渉篇に、神仙を目指す者が、山林中で邪鬼を避けるさいのテクニックを説明している。それによると、『百鬼録』という書物を論じて天下の鬼神の名および『白沢図』・『九鼎記』の中味を熟知していれば、妖怪・鬼神は自分のほうから退散するという。『百鬼録』は現存しないので、どのような書物かよくわからないが、『山海経』の文のようなものか、さもなければ、妖怪・鬼神のスケッチに図解を施したテキストであったかと想像される。『白沢図』も『九鼎図』もやはり逸本で、今ではその内容を窺い知る術もないが、『九鼎図』の方は、その名前から推理して、王孫満の説明にいう（九七頁）、鼎の上に鋳刻した各地の百物の像を集成したような図録・図冊であったろう。それらの図冊には邪鬼の正体を刻明に記述しているので、邪鬼はおのれの素性が容易に暴露されることを恐れて、おのずから姿を隠すのであろう。いわば『白沢図』や『九鼎記』は、後世、山林深く分け入る者が携えた邪鬼・悪物撃退の呪符の先駆だといえよう（図35）。

## ◈『白沢図』

『白沢図』については『隋書』（経籍志）に、『白沢図一巻』と記載されており、のち、それに書き加えられた『新増白沢図』五巻があったことが『南史』（梁簡文帝紀）にみえる。

さて、この『白沢図』にはおおむねつぎのような伝説がある。

黄帝が全国を巡り歩いたとき、東海地方で白沢という人語を話し、しかも万物に通暁している不思議な獣を捕えた。そして黄帝はその白沢の口から、天下の妖精・鬼神のことをつぶさに聞きだすことができたのである。白沢はそのとき、大昔から精気が怪物に化し、宙にさまよう霊魂が鬼物に変じたもの、計一万一千五百二十種について語った。黄帝は家来に命じて、それらをいちいち図に描かせ、それをひろく天下の人びとに示した。

（『雲笈七籤』軒轅本紀）

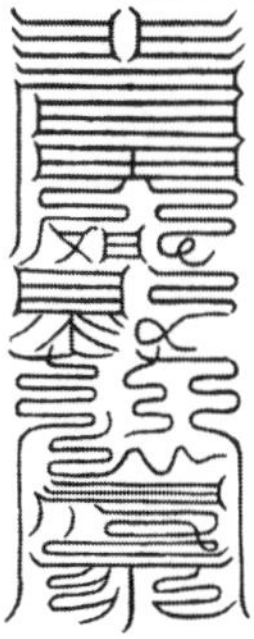

(上)図34…大儺の鬼　北京　一九一〇年代
(左)図35…入山図

唐代の釈道世撰『法苑珠林』（審察）に引用されて残っている『白沢図』の文章に、

　火の精を必方という。その名をもって呼べば則ち去る。

とあり、『太平御覧』巻八八六にも『白沢図』の文章として、

　軍隊の荷物に棲む精《すだま》（怪物）の名を賓満《ひんまん》という。その姿は人間であるが、軀部がなく、目は赤い。人を見ると転がり、その名を叫ぶと即刻立ち去る。

という意味のことが引用されている（図36）。

　怪物が人間の前に現われるとき、さまざまな異様な姿をとった。ときには、小童に変化して人びとに近づき、また好んで人の声を真似たり、幼児のように泣いて、人びとをおびきよせたりもした。それを知らずにいたり、油断して近づいたりすると、たちまち啖《く》い殺されてしまうのである。だから、その正体を看破し、その妖怪が何物であるかを見破った証しとして、その名を呼び、つづいて、かれらを撃退するなんらかの呪術を行使したに違いない。名はその実体と本質的に結びつき、実体そのものなのである。相手の名を掌握するということは、相手をおのれの掌中に入れ、意のままにすることなのであった。かつては日本でもそう考えられていたように。

## ◈神の咎を回避するための祭祀

山川の神は則ち水旱癘疾の災、ここにおいてかこれを禜《まつ》る　（『左伝』昭公元年の条）

このことばは「外なる世界」の怪神と衝突したさいの咎殃のこわさを知った人びとが、祭祀によってその寛容を期待していたことを物語っている。

撃攘するにしろ、祭祀を営んで宥《ゆる》しを乞うたにしろ、それ以前にまず、いま現在示現している

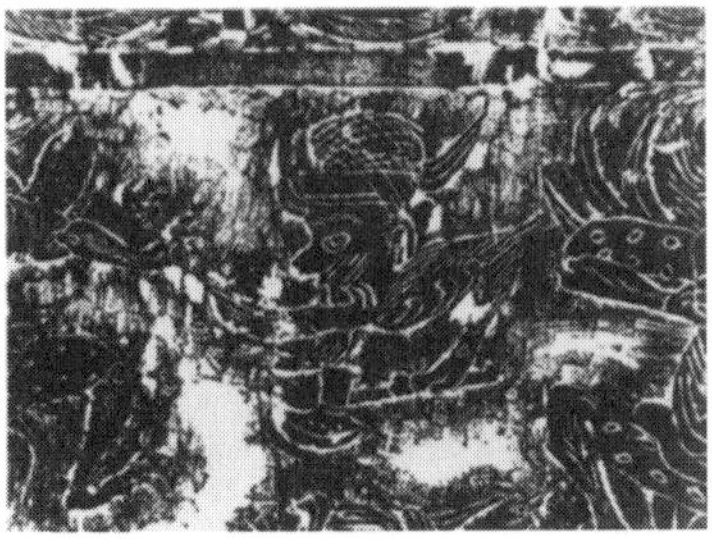

図36…賓満　沂南古墓墓室前室北壁上横額の画像

妖怪・鬼神がどのような怪神か、つまりどこに居所をもち、いかなる名の、どのような性質の存在かを認識することが必要であった。

神一般という神は存在しないし、抽象的な妖怪も存在しない。同様に呪《まじな》い一般、祭り一般という抽象的な呪術や祭祀も意味をもたないのである。上述の『左伝』(昭公元年)の文はたんに山川の妖怪・鬼神にたいする祭祀の一般論であり、そのごく要旨を述べたにすぎない。具体的にその怪神の名と所在とを識って、はじめて具体的に祭祀を執行することが可能になり、また効果も期待できるのである。つまり、対象の怪神に「某山の某神」と、その名を呼びかけ、その神霊にふさわしい各種の供物、場合によっては犠牲をささげ、一定の祭式に則って祈願することによって、はじめて神はその祭祀を享《う》けるものと考えられたのである。祭祀は具体的な対象にたいして、具体的祭法に従って執行されなければならないのである。

『左伝』(昭公十六年の条)によれば、鄭の国を大旱魃が襲ったとき、鄭君は屠撃《とげき》・祝款《かん》らに命じて桑山を祀らせた。その旱災が他でもない桑山の鬼神の咎であることを識ったうえでの対応であったろう。秦の昭王に任じられて、李冰が蜀守の職に就くまで、四川の成都地方では、蒼牛の姿をした江神に少女ふたりを犠牲として捧げる習俗があった(『風俗通義』)。江の水神が咎殃として毎年のようにおこす洪水を未然に回避しようとしたものであったが、ふたりの少女の人身供犠が江神にはもっとも好ましい供物であるとされてきたことを物語っている。

◈神は非類をうけず

祭祀にはその神霊にふさわしい祭法があるといった。例を示そう。

紀元前六六二年のこと、晋の献公は趙夙《ちょうしゅく》に命じて霍《かく》国を攻略させた。霍公求はたまらず敗走して斉国に遁れた。ときに大旱魃が晋の国を襲った。晋君がその災厄の原因を卜《うらな》わせたところ、霍の太山の神の祟りであることがわかった。さっそく霍国攻略の将軍の趙夙を呼び寄せ、斉国に亡命中の霍公を召しださせて、亡国を復興させるとともに、太山の祭祀を行なわせた。すると、さしもの大旱災もやみ、晋国の農作物は生気をとり戻し、みのりの秋を迎えることができた。

（『史記』趙世家の文の要旨）

晋の献公は旱害が太山の神の禍いとしりながら、なぜ、その山神を祀ろうとしなかったのか。なぜ、いったん滅ぼしたその霍国を再興させ、逃亡中の旧霍君をわざわざ迎えて祀らせたのであろうか。神は意に添わない祭祀を容易にうけない。また、「神は非類を歆《う》けず」（『左伝』僖公十年）といわれている。祭祀にはそれぞれ定まった祭法があり、そしてまた、祀るべき者があった。作法にかなわない祭祀や祀るべき者でない者の祀りは、神は嘉納しなかったのである。亡命中とはいえ、霍君が存命しており、かれが太山を祀るもっともふさわしい人物だったのである。

# III

# 恵みの鬼神

# 一——山川の恵み

## ◈「外なる世界」の価値

人びとの暮らす共同体＝「内なる世界」を囲繞する妖怪・鬼神の「外なる世界」を、小松和彦は「負の空間」・「悪の空間」として捉え、つぎのように説いている。

「（妖怪の棲む世界は）村落共同体の人々にとっては、共同体の否定的価値を托した辺境であり、危険であるが故に、隔離しておくべき〝悪〟なる空間」であった。（『神々の精神史』）

「外なる世界」は小松の強調するとおり、たしかに危険に満ちた異空間である。古代中国においてもそのとおりであった。だが、そこははたしてまったく否定的価値しかもたない、永遠に隔離しておくべき空間であったのだろうか。そして実際に「危険な空間」は隔離されてきたのであろうか。

人びとは妖怪・鬼神の棲む山林川沢に入ることを恐れ、ひたすら村里のなかに篭《こも》りつづけたのではけっしてない。さきに妖怪らと人間との遭遇接触の機会は、おおよそふたつの場合に分けられるといった。すなわち、妖怪・鬼神が境界を越えて「内なる世界」に侵入し、村里の小径や家屋の物陰などに出没して、人畜を襲う場合と、人間が「外なる世界」に踏み入る場合とであった。

それでは、人びとが妖怪・鬼神の危険な領域にわざわざ立ち入ったのはなぜかといえば、それは暮しのためであり、よりよい生活を求めてのことであった。子路が少年時代、穀物を背負って恐怖の空間を往復したのも、世過ぎのためにほかならなかった（八九頁）。

人びとが「危険な空間」を侵犯するケースは、主としてふたつあった。一つは邑里でのより恵まれた暮しを充足するために、必要に応じて「外なる世界」が蔵するものを獲得するためであり、ひとつは生活空間を拡大するため、妖怪・鬼神の聖域を略取することであった。具体的にいえば、前者は採薪のための山林の伐採や山菜などの物産の採集、さらに田（狩り）漁をさし、後者はおもに開墾をさす。その昔、人びとが「草莽に処《お》り、山林を跋渉」（『左伝』昭公十二年の条）したのも、「狐狸の居る所、豺狼の嘷《ほ》ゆる所、我が諸戎（手下の者）がその荊棘《けいきょく》（茨の類）を除翦《さん》し、その狐狸豺狼を駆った」（同襄公十四年の条）のも、日々の暮しのためであり、荒野を開拓し、生活圏の拡張によって暮しの充実をはかるためであった。つまり、人びとは「外なる空間」に肯定的価値も存在することを認知していたのであり、妖怪・鬼神の棲む世界はかならずしも否定的価値しかもたないのではなく、永久に隔離しておくべき「負の空間」でもなかったのである。

## ◈「危険な空間」の魅力

しかし、「危険な空間」の侵犯には、文字どおり危険がともなった。それは、国境を越えて隣国に侵略すれば、ただちに反撃に遭うのとなんら変らない。無断で侵犯するものに、妖怪・鬼神が憤怒するのは必定であった。制裁がくだされ、さまざまなトラブルがおこった。

わが国の『常陸《ひたち》国風土記』行方《なめかた》郡の条に誌された伝説にこうある。

麻多智が郡役所の西にある谷の葦原を拓《ひら》いて、新田をつくろうとしたところ、山のなかから蛇身で頭上に角のある夜刀《やと》の神が、眷《けん》族の蛇どもをひきつれて現われ、麻多智の開拓を妨害し、おのれの聖域である西の谷から麻多智を追い払おうとした。

妖怪・鬼神の怒りは、ときにはたんなる威嚇以上の罰となって現われることがある。「危険な空間」に足を踏み入れた者は、そのためおうおうにして怪我をしたり、病気に犯されたり、ときには発狂したり落命するなど、さまざまな不慮の事故に遭遇し、高価な代償を支払わなければならない。中部インドのムンダ族を調査した山田隆治はつぎのように報告している。ムンダ族の祖先たちがジャングルをきり拓いて、村落や耕地をつくっていったとき、つぎつぎに発病などの災難や野獣の被害に出くわした。そのことについて、彼らは、山の怪神の祟りであると信じていたと(“On double Nature of the Mt-sprits in Middle India”)。『常陸国風土記』も、夜刀の神の制裁は、ときに「家紋を破滅し、子孫継がず云々」といういきびしい報復であったと誌している。

怪我や病気、あるいは、ときには死を招くような事故が「危険な空間」を犯すことへの代償であった。だが、人びとは、たとえそのような「危険」な代価を払うことがあろうとも、その空間への侵犯をやめようとはしなかった。そこは高い代償を補って余りある肯定的な価値が内在する空間だったからである。

山林藪沢渓谷は、もって其の利を供するに足る。　（『管子』算地篇）

そこは柴薪や山菜の採取や鳥獣魚貝の捕獲、あるいは新田開墾の対象であった。そればかりではない。じつは、もっと豊富な価値の可能性を、妖怪・鬼神の住いである山川は包蔵していたのである。

### ◈山川の恵み

山林川谷丘陵は能く雲を出し、風雨を為す。　（『礼記』祭法）

その風雨はときに洪水となって人家や田畑を流出し、暴風となって樹木や作物をなぎ倒して、村里を荒廃させてしまう。だが、ときには慈雨となって農作物に恵みを降りそそぐ。風もまた同じであった。「多風は多実（風多ければ豊かな実り）」（ドイツ俚諺）といわれるように、吹き渡る微風は実りの秋の事触れとなるのである。つまり、豊穣もまた、山川あってのことであった。だから、

山川は能く百里を潤おす。（『春秋公羊伝』僖公三十一年の条）

といわれたのである。

そればかりではない。

山林川谷丘陵は民の財用の取る所（『礼記』祭法）

であった。妖怪・鬼神の棲むその「危険な空間」には、人びとの生活を豊かにするさまざまな財物が蔵されていた。山経はそうした各種の財物を記録している。例をあげよう。

潘侯《はんこう》の山、その上に松柏多く、その下に榛楛《しんこ》多し。その陽《みなみ》に玉多く、その陰《きた》に鉄多し。獣あり、その状は牛のごとくにして四節に毛を生ず（四つの足の関節に毛がある）。名《な》づけて旄牛《ぼう》（ヤクの類）という。（北山経次一経）

皮山、堊《あく》（色のある土）多く赭《しや》（赤土）多し。その木は松・柏多し。（中山経次十一経）

雅山、澧水はここより出《い》でて東流し視水にそそぐ。そのなかに大魚多く、……赤金多し。（中山経次十一経）

鼓鐘《こしよう》の山……その上に礪《れい》（あらといし）多く、其の下に砥《し》（といし）多し。（中山経次七経）

このように、それぞれの山、あるいは川ごとに、棲息し、繁茂する鳥獣虫魚、草木や産出する鉱石類を列記している。

### ◈山川の恵みの中味

だが、『山海経』が誌しているこのような動植物や鉱物などを具体的に検討してみると、それらはたしかに人びとが生活のために採取し、使用した財用だったのであろうが、それにしては食料や器具類の原料など日常生活に供したと考えられる財物についての記載があまりにも少ないのである。たとえば、野兎や雉など野生の小鳥獣についてみるとしよう。山経に記録された約四五十の山々には、このような村里の人びとの食用などに供されたと思われる野生の小動物のことはいっさい記述されていない。有名な守株の寓話（『韓非子』五蠹《と》）をもちだすまでもなく、野兎は山野を跳び回っていたし、また、既述の余義山の条の犰狳の属性描写で、「莵のごとし」と記し(六六頁)、天池山(北山経次三経)にも、「獣あり、その状は兔のごとくにして鼠の首……その名を飛鼠という」とあって、特殊な鳥獣の属性の説明にしばしば兔が例にひかれている。野雉についても同様で、蔓聯《まんれん》山(北山経次一経)の鵁《こう》の比較として雄雉が、単張山(北山経次一経)の白鵺《はくや》の説明として雉が、また灌題山(北山経次一経)の竦斯《しようし》という鳥の比較に雌雉が、それぞれ登場している。山経には六十余種の動物の名が認められるものの、ごくポピュラーな、誰もが知悉していると思われる鳥獣の名は、ほとんど特殊な鳥獣を描写するさいの比較として見えているだけである。こうした傾向は川沢の水棲動物、さらには草木についても同じことであり、現実に山川に棲息繁茂し、人びとの狩猟や採取の対象とされた動植物は、ほとんど記録されていない。

いったい、山経に収録されている主なる動植物、あるいは金石類は、実際にどのような価値をもち、どのような使途に供されていたのであろうか。以下に山経に誌されてある産物について、具体的にあたってみることにしよう。

### ◈山中の霊草

洞庭の山……その草は葌《かん》・蘪蕪《びぶ》・芍薬《しやくやく》・芎藭《きゆうきゆう》多し。　(中山経次十二経)

これらの植物は食膳にのぼる普通の山菜・野草類ではない。おそらく、食料以外の使途に当られた植物であろう。これらは馥郁とした香を発する芳草として知られ、洞庭山以外の山々の条にも数多く記録されている。

このうち、蕑は蘭《かん》(蕑)草、つまり、ふじばかまの類で、『詩経』(鄭風・溱洧)によれば、三月上巳の日に鄭の国の若者や娘たちがつれだって春の水に溢れる溱《しん》水や洧《い》水のほとりに出かけて、この香草を摘みとり、たがいに贈り合ったという。また、『楚辞』(離騒)には、蘭草を身体に佩びるさまが詠われている。これらの記事は蕑(蘭)が邪気や不浄を払って、からだを潔斎したり、神霊を招き降したりする呪草であったことを物語っている。

蘼蕪《びぶ》(おんなかずら)も野菜・山菜の類ではあるまい。これは祭祀儀礼の場で用いられる霊草であり、薬用にも供される草花であった。『管子』(地員)に香草の名を列べ、

薜茘《へいれい》・白芷《し》・蘼蕪《びぶ》・椒《しょう》・連。五臭(五種の香草)の校《いた》すところ、疾いは寡《すくな》く、老い難く、士女は皆好《うつく》し……

といい、後世の『神農本草経』では、蘼蕪について、

邪悪を辟《さ》け、蠱毒鬼疰《こどくきし》を除き、三蟲(道家の説で、体内におり、ときに抜けでて、天帝に告げ口をして害を

働く三匹の蟲。三尸《し》を去る。久しく服(飲用)すれば神に通ず。

というのも、この草花が古来、邪鬼を祓除し、疾病を予防する効用のある植物として珍重されてきた伝統をひきついだものであろう。

芍薬も芎藭も同様であり、『神農本草経』にはこれらは邪気を払い、腹痛や頭痛などに特効があるとされた。千歳翁と呼ばれた秦代の伝説の人・安期生が長寿を保ったのは、日頃、芍薬を服飲したからだと伝えられている。芎藭については、宣公十二(前五九七)年の冬、楚の軍隊が蕭の軍を包囲したときのことを伝える『左伝』の記事のなかに、山鞠藭《きくきゅう》の草花が湿払い、つまり、下痢によく効くことを述べている。その鞠藭が芎藭のことであった。

つぎに、

虎尾の山、その木は椒・椐多し。　(中山経次十経)

とある椒とは山椒のことで、これも芳香性の植物である。その芳香を珍重して壁に塗りこんだり、ときには食用にもあてられた。また、神霊に献じて、招き降すさいに用いられた。これは『楚辞』に、

椒・糈とを懐きて之を要《むか》えん
百神翳《おお》いて其れ備《とも》に降り。
（離騒）

と詠《うた》われている。また、同じ『楚辞』に、

桂酒と椒の漿《しょう》を奠《すす》む。
（九歌・東皇太一）

とあり、椒をいれた飲物を神霊に供えたことをのべている。椒のお酒はまた、万病の予防に効果がいちじるしいとして、昔から迎春の屠《と》蘇酒とされてきた。古文献によれば、源流は先秦時代に遡るものと思われる。水上静夫は、椒はこのほか、多産・避邪の呪物としても珍重されてきたといっている（『中国古代の植物学の研究』）。

## 二――内科・外科の薬物

### ◈疫病よけの特効薬

『山海経』は蘐（蘭草）や芍薬・椒などのポピュラーな薬草類については、産出する山名のもとに、それぞれの名を記述するにとどめ、形状などの属性も、効用についてもなんら説明を加えてはいない。いっぽう、やや特殊と思われる植物については、形状の特徴と薬効について解説を施している。採取する者のための目安とし、また使途の便をはかったものと思われる。

現在の陝西省華陽県の東南に当たる陽華山の条にいう。

……その草は……苦辛《くしん》多し。その状は櫹（あかめがしわ）のごとし。その実は瓜のごとく、その味は酸甘なり。これを食えば瘧《ぎゃく》を已《や》む。（中山経次六経）

また、渤海湾に面した山のひとつに比定される北号山の条にこう誌す。

北号の山は北海に臨む。木あり。その状は楊のごとく赤き華あり。その実は棗《なつめ》のごとくにして核無し。その味は酸甘なり。これを食えば瘧せず。（東山経次四経）

この北号山の木は名称がない。おそらく脱誤があると思われる。『爾雅』（古代の字書）によると、実のない棗の一種を晳《せき》と呼んだといい（図37）、これを受けて、山東省北部の楽陵地方では、近世期に核《たね》なし棗を特産していたことを郝懿行が誌している。北号山の樹も、あるいはこの晳の類ではなかったろうか。

北号山の無名樹が薬効ありとされた瘧の病とはマラリヤ病のことである。『周礼《しゅらい》』や『礼記』によれば、瘧はとくに秋に流行したらしい。はげしい寒熱をともなうこの病気は、古来、人びとのもっとも恐れた悪疾のひとつであったらしく、その治病にはさまざまな療法が試みられた（『史記』

図37…晳

扁鵲《へんじゃく》倉公伝など）。華陽山の苦辛の実や北号山の木の実はこの苦病の特効薬として伝えられていたのであろう。

西安市の東南に望見される浮山は秦嶺山脈中の一峰で、そこには薫《くん》草が生えていた。その特徴は、

麻の葉、方莖（角ばった莖）、赤き華、黒き実、匂いは蘼《び》蕪《ぶ》のごとし……（西山経次一経）

といわれる。この薫草は文字どおり香気芬々とした芳草で、別名を蕙草といい、蘭と同種だとも伝えられている。蕙草が植物分類上、はたして蘭と同系の植物かどうかは弁別できないが、かりに同種でないとしても、芳潤の香りのゆえに、葌（蘭）と同じような使途に供されたらしい。げんに西山経に、上掲の文につづいて、

これを佩すれば、もって癘《れい》を已むべし。

と付記されている。癘とは悪質の病気、とくに時節におこる流行病（『説文』）のことである。人びとははやり病いがおこると、浮山に入り、薫草を採取して、この草花を腰に吊したのであろう。そうでなければ、鄭国の三月上巳の風習のように、浮山の山麓の村びとたちは、きまった時節に

浮山に登り、採取したその薫草を体に帯びて、流行病の予防としていたのかもしれない。流行病の治療、または病気予防の目的で、人びとが山川に入って採ってくる薬物は、植物ばかりとは限らない。河南省南陽地方では堇《きん》理山に棲む鵲に似た青い鳥の、おそらく、その羽根を取って流行病に備える民俗があった。

堇理の山……鳥あり、その状は鵲のごとくにして青き身・白き喙、白き目・白き尾なり。名《なづ》けて青耕という。もって疫を禦ぐべし。その鳴くや自ら叫《よ》ぶなり。（中山経次十一経）

この山鳥が、なぜ疫病除けの呪物とされたのかは、今では識るすべもない。その羽根が青く、しかも、「チンクェン、チンクェン」と囀《さえず》るため、その啼き声を摸して呼び名としたのであろうか。それとも、青耕と表記しているところをみると、この鳥を呪物とする風習が新緑の萌える春の耕作の開始の時節と関係があったのかもしれない。

## ◈薬物を佩びる

のちに中国五岳のひとつ、中嶽とされる崇高山は、泰室の山とも呼ばれた。この泰室の山上に生える䔄《よう》草も、また貴重な呪的薬草であった。

泰室の山……草有り。その状は茮《ちゅつ》のごとし。白き華・黒き実にして沢《つや》は蘡薁《おういく》のごとし。その名を蓋草という。これを服すれば眛《まい》せず。（中山経次七経）

眛についてはあとに詳述するが、身体上におこる異常な症状であった。泰室山麓の人びとはそれを回避するために、山に登って茮、つまり薊《おけら》に似た蓋草、おそらく、山葡萄のような実のついた植物を摘み採り、衣裳の一部につけたり、さもなければ、頭髪に挿して呪物としたらしい。

このように、身体につけて疾病を予防したり、治療したりする呪術は、かつて普遍的にみられた習俗であり、『山海経』にはこのような風習が随所に認められる。「服す」については、後世、内服・服飲・頓服などの用語例にも認められるように、薬餌として口腔を通じて体内に入れること、つまり、薬を飲むことを意味するようになるのだが、古くは、たとえばつぎのように、文字どおり身体の外側に服《お》びることであった。

戸ごとに艾を服《お》び、以て要(腰)に盈《み》つ。（『楚辞』離騒）

白衣を衣《き》、白玉を服《お》びて、麻と犬とを食う。（『礼記』月令）

「服」が身体のある部分の外側に吊すことなのか、または衣服の内側や体軀にじかに着用する意味なのか詳かではないが、『山海経』には服する以外に、上述のように、薬物を佩する呪的療法があるから、おそらく、身にじかにつけたのであろう。五月五日に菖蒲湯に浴し、菖蒲の葉を腹や頭に巻いて邪気を払って健康を祈る習俗は、日本でも最近まで行なわれてきた。故金関丈夫氏の教示によると、海南島黎《リー》族の俘《ハー》人は胸や背中の痛むとき、Buhahah という植物の葉を腹部と背部に当て、布紐で縛りつけたという(図38)。こういう方法が『山海経』のいう「服する」方法であったと思われる。

### ◈眼のめまいと魂のめまい

ところで、さきの泰室山の䔄草について、「これを服すれば眯せず」というときの「眯」とは、眯のことであって、『説文』では、「眯」を「艸《くさ》が目のなかに入る」という意味だと述べている。つまり、草や糠《こう》(ぬか)などが眼のなかに入るとおこる眩暈《めまい》、あるいはその結果の眼の疾患が眯だという。脱穀や穀物の刈入れ、あるいは雑草取りなどの農村の日々のなりわいに、籾糠や塵芥や草きれなどが眼中に入り、そのため眩《く》らみ、高じて眼疾を患うことは、今も昔も変りはなく、中国古代の農民たちは、このような災厄に悩まされることが多かったのであろう。げんに『荘子』(天

図38…海南島俘人の服薬

運)などにも、農作業中に、眼を侵され、眩暈(眯)になることがあると誌されている。だが、眩暈症状は塵埃等が目を侵すときだけ生じるのではない。燦《きら》めく光、さらに超自然的力の作用によっても眩惑《めまい》はおこる。そのほかに、睡眠中でも魂の眩暈ともいうべき現象があり、夢のなかの呻吟となって現われる。眯・眯の字に、夢に魘《うな》されるというもうひとつの意味があるのはそのためである。徐鍇は、寝るさい、手を心臓の上に置いて眠ると魘されることが多いのは、睡眠中に魂が体内から抜け出て彷徨する(これが夢の現象)のを、胸に置いた手が邪魔して抜け出せないためだと説いている。

他方、『荘子』(天運)には、

厄払いの呪《まじな》いとして使用済みの芻狗《すうく》(草を束ねて作った犬の模型)をもう一度とりあげて、ベッドの下に置き、その上で寝ると、悪い夢をみるか、さもなければ、必ずたびたび眯《うな》される。

と述べている。睡眠中に魘される原因は、現代のわれわれにも容易に理解できない。古代人が夢や幻覚現象について抱いた感懐は、現代人の想像を超えるものがある。

### ◈悪夢の呪薬

泰室山地方の邑人たちも、夢のなかの責め苦を悪霊邪鬼にとり憑かれておこるものと信じていて、それを回避するには、秦宝山の蓍草が効果ありとみなして、珍重していたのであろう。

夢魘《えん》は古代の人びとを相当悩ましたものらしい。各地でこの夢魘回避の呪術が行なわれ、呪物を山中に需めていた。瘣山《かい》（河南省洛陽市西方の魏《ぎ》山？）地方では、この山の谷に棲む鴒鸚《れいよう》が、そして翼望山地区では、その山中にいる鵸鵌《いよ》がその呪物とされていた。


瘣山、その西に谷あり、名《なづ》けて雚谷《かん》という。……そのなかに鳥あり。状は山雞のごとくにして長き尾、赤きこと丹火のごとく、青き喙なり。名《なづ》けて鴒鸚という。その鳴くやみずから呼ぶ。これを服すれば眯せず。（中山経次六経）

瘣山の西の渓谷に棲むこの鳥は、羽毛がきわめてあざやかである。畢沅は鸐鴿のことだろうといっているが、真偽のほどはわからない。あとででてくるが、鳥や螽斯《しゅうし》（いなご）の羽根を体に帯びて雷を避けたり、あるいは安産を祈ったりする呪法が古くから行なわれていた。また、『春秋繁露』（郊語）に、「鴟《し》の羽は眯を去る」とあり、鳥の羽毛によって眯を回避する呪的習俗の行なわれていたことを伝えている。

なお、朱右曽が『逸周書』（王会）にある

都郭……奇幹善芳、善芳者頭若㆓雄雞㆒佩㆑之令㆓人不㆒㆑眯

の文中の奇幹は奇餘の譌学、または善芳は奇幹と同格であって、同じく鳥の名であるといい（『逸周書集解校釈』）、小川琢治は、善芳は善笑の譌学、また下の善方者の三字は衍字で、正しくは「都郭……奇餘善笑、頭若二雄雞一、佩レ之令二人不一レ昧」、つまり、都郭族が、頭が雄雞に似た奇餘（鵸鵌）という名の鳥を献上したこと、これを佩びれば眯《うな》されることがないという意味の文であると主張した（『支那歴史地理研究続集』）。

翼望山にはその鵸鵌鳥が棲むといわれた。

> 翼望の山……鳥あり、その状は烏のごとし。三首・六尾にして善く笑う。名《なづ》けて鵸鵌という。これを服すれば人をして厭《うな》さざらしむ。またもって凶を禦ぐべし。（西山経次三経）

この翼望山の異形の鳥は、首が三つ、尾が六つという属性から想定すると、空想上の産物か妖怪のたぐいとするほかないが、実際にいない鳥を呪いに用いる習俗があるはずがないし、時代が降るけれども、山東省沂南にのこされた漢代の画像石中に、首が三つあり、尾のたくさんついた異鳥図が認められ（図39）、鵸鵌の伝承が当時も生きつづけていたことがわかる。怪異な鳥が翼望の山奥にいて、山中におちていたある種の鳥の羽根を、その怪異な鵸鵌の羽根だという伝説を人びとは信じ、その羽根を拾って身に佩びる習俗があったと思われる。鵸鵌という呼び名は、都郭族の奇幹（余）鳥と同じように、夢魘や凶鬼悪霊の撃退に効果がある霊妙な鳥だとされたため、どちらかの鳥名が他方の鳥名に倣《なら》うようになったのかもしれない。いずれにしろ、翼望山の鵸鵌も、人びとが採取する好ましい山中の財物のひとつであった。

### ◈難聴の薬物

『礼記』（王制）は、人君たるものは、身体の障害で苦しむ人民をよろしく保護すべしといって、不具廃疾の病名を列挙している。ただし、『礼記』の文章は実際の政治よりも理想の治政を語るものであって、当時、不自由な体の持ち主にたいして、たとえば、治療を施したとか、生活保護を実施したというような格別なはからいをしたというわけではなく、せいぜい脚のない者は門番

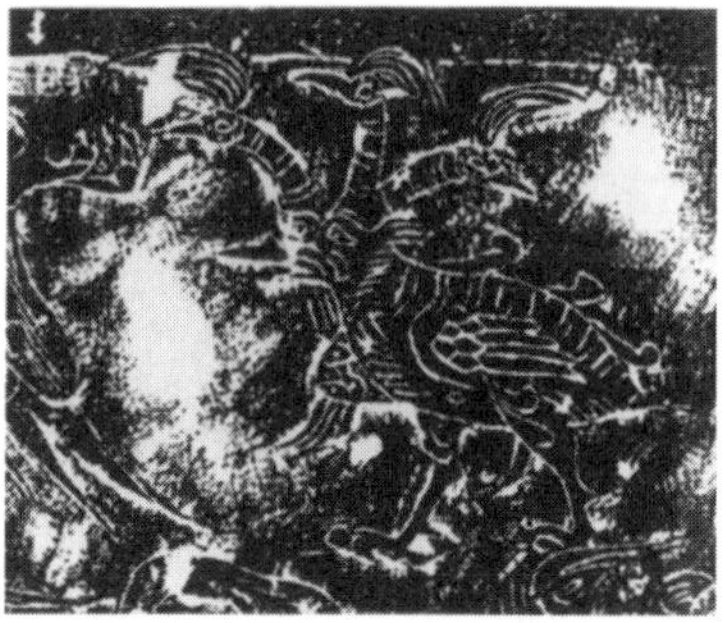

図39…鵸鵌　沂南古墓墓室前室北壁上横額の画像

がよろしかろうといった具合に、不具の状況に応じた仕事に就かせようという程度のものであったろう。それも実際に適職が準備されていたというのでもあるまい。現実には人びとは身体の不自由をかこち、悲しい孤独の日々を送らざるを得ないのが実態であったろう。だから、人びとは、身体障害に特効があるという世間の評判を耳にすると、危険を承知で、山藪川沢にその薬物を捜し求めることになるのであった。

山西省の祁《き》と泌源《しんげん》の県境地方では、かつて耳聾の薬物を陰山の山中に求め、また陝西省渭水盆地東南の華県では、符禺山の山上に聾疾の薬物を採取し、その不自由を癒そうとしていた。『山海経』はこう誌している。

陰山……そのなかに彫棠《ちょうとう》多し。その葉は楡の葉のごとくして方（四角）、その実は赤き菽のごとし。これを食えば聾を已む。（中山経次一経）

符禺《ふぐう》の山……その上に木あり、名《なづ》けて文莖《ぶんけい》という。その実は棗のごとし。もって聾を已むべし。（西山経次一経）

陰山の「彫棠」は今日のなんの植物に比定できるのか不明だが、これはおそらく、「彤《たん》棠」の誤字ではないかと思う。人びとは赤い菽（豆）のような彤棠の実や符禺山の文莖の実を採って、聴覚障害の薬餌としていたのだろう。文莖の実は棗のごとしと誌されているが、あるいは棗の別名か、その一種かもしれない。というのは、棗の実を耳聾の主治薬とする療法が六朝時代以降の本草書（薬物学の書）にしばしば認められるからである。たとえば、『名医別録』や『薬性本草』に、山茱萸《しゅゆ》（蜀酸棗《しょくさんそう》）が、『食療本草』には甘棗《かんそう》が、それぞれ聴覚障害の薬餌としてあげられている。『山海経』に誌された民間療法のなかには、中世以降の医療に継承され、漢方薬として発展したものが多い。文莖もその一例かもしれない。

### ◈難聴の呪薬

杻《ちゅう》陽山から流れる怪水に棲む川亀も聾の呪薬とされた（図40）。

杻陽の山……怪水はここより出《い》でて東流して憲翼の水にそそぐ。そのなかに玄亀《げんき》多し。その

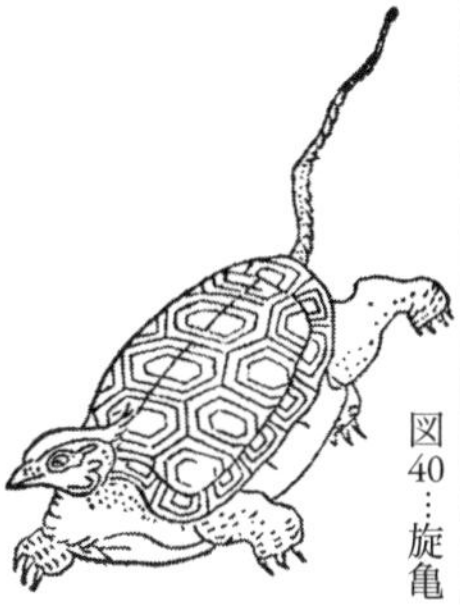

図40…旋亀

状は亀のごとくにして鳥の首・虺《き》（毒蛇）の尾。その名を旋亀《せん》という。その音は木を判《さ》くがごとし。これを佩《お》ぶれば聾せず。（南山経次一経）

聾疾の治療そのものではないが、亀を身体に呪物として佩びる習俗は、『抱朴子』のほか、唐宋時代の本草書類にも見える。なかには、耳鳴りには石亀の尾を陰乾《かげぼ》しにし、その粉末を外耳道に入れるとよいとか、あるいは難聴に亀の尿を耳の穴に滴入すると妙効があるなどと誌す本草書もある（『本草拾遺』・『本草綱目』など）。このように、亀を医薬に応用するのは、おそらく、亀を呪物として佩用する『山海経』時代の用法に系譜を辿ることができるのではなかろうか。旋亀《せん》を体に佩びる呪的医法は、洛水流域の河南省新安県地帯にもあったらしい。

密山……豪水はここより出《い》でて南流して洛にそそぐ。そのなかに旋亀多し。その状は鳥の首にして鼈《べつ》の尾。その音は木を判《さ》くがごとし。草木なし。（中山経次六経）

密山から流れでる川に棲む旋亀の属性は上掲の杻陽山に源をもつ怪水の旋亀のそれとほぼ一致する。薬効を明記していないが、おそらく同様だったので、『山海経』を編録するさいに、密山の条のほうは省略したのであろう。

ところで、当時の人びとは聾疾の原因についてどう考えていたのであろうか。疾病については、上述したように、楽馬山の𤟹《れい》や太山の蜚《ひ》、あるいは復州山の跂踵《きしょう》などの妖怪・鬼神の仕業とされていたが（三六〜三八頁）、聴覚の疾患の原因については、『山海経』にも、その他の古史書もなにも語っていない。しかし、卜辞のなかには、

貞《と》う、耳を疾《や》めるはこれ祟りあるか。

と問いかけるものが見えることから、耳疾も超自然的存在の仕業とする観念のあったことが理解される。聾疾の予防ないし治療のために、怪水や豪水のなかに棲む旋亀を捕えて佩《お》びるという当時の呪法は、すでに殷代からあった聾疾が超自然的存在の仕業だとする疾病観と同様な観念を背景にして生れたのであろう。

### ◈できものの呪薬

昔話「こぶとり爺さん」の頸のわきに生えた瘤《こぶ》のたぐい、つまり良性腫瘍、あるいは瘰癧《るいれき》のことを癭《よう》という。癭の原因について、殷周時代は不明であるが、戦国期以降になると、「険阻の気」の土地（『淮南子』墬形訓《ちけいくん》）や「軽水の所」（『呂氏春秋』尽数）に多く発生し、「山居の民」が罹《かか》る疾患（『博物誌』）、つまり一種の風土病だと考えられていた。戴延之の『西征記』（『太平御覧』巻六二引く）に、伊水の上流の新城県や陸渾《りくこん》県では、老幼男女の別なく、みな瘤をもっていると誌している。森鹿三

はその「癭雑考」で、このような風土病のある地方の人びとは、瘤のない者を奇異とし、外来者《よそ》扱いをするという小咄《ばなし》のような逸話のあったことを紹介している。誰もが瘤をもっていて、いっこうに珍しくないとはいっても、瓠のようなものがぶらさがっていては不便・不都合きわまりなかったろう。だから、瘤を取ってもらって喜ぶ「こぶとり爺さん」の昔話も生れたのである。

さて、陝西省南部を東西にはしる秦嶺《しんれい》山脈に、かつて天帝山と呼ばれた山岳があった。険阻な土地であるこの山麓地帯にも、やはり癭の病いが多かったのか、この地方の人びとは天帝山中に生える葵《あおい》に似た草を癭の薬として採取していた。

天帝の山……草あり。その状は葵のごとく、その臭いは蘼蕪《びぶ》のごとし。名《なづ》けて杜衡《とこう》という。以って馬を走らすべく、これを食えば癭を已む。（西山経次一経）

杜衡はかんあおい科の植物らしい。この種の植物は後世の本草書（『証類本草』・『本草綱目』など）にも癭・瘤の薬物とされている。

苦山も天帝山と同じく秦嶺山脈中の、嵩山（河南省）の西方に連なる山岳のひとつで、この山地の人びとも癭に患ることが多かったのであろうか、厄介な瘤の予防薬とされる無条を苦山の山中で採っていた。

苦山……草あり、員《まろ》き葉にして莖なし。赤き華にして実なし。名《なづ》けて無条という。これを服すれば癭せず。（中山経次七経）

この無条が植物学上どのような草花に比定できるかは詳らかでないし、また、これを身体のどの部分につけたかも不明であるから、なぜ、癭の予防薬とされるようになったかは皆目わからない。ただし、これを佩《お》びて防止しようとしたところから察すると、癭にも超自然的存在によってひきおこされるという観念がかつて行なわれていたのだろう。

## ◈疥癬の薬物

栄養の片寄りからくるのか、それとも風土のせいか、古代には皮膚病類がはなはだ多かった。疥癬はそのひとつである。疥癬すなわちヒゼン・タムシの類は、指の間・肘窩《ちゆうか》（ひじわき）・陰部などに炎症をおこすひじょうに痒《かゆ》い伝染性の皮膚病で、人命にかかわる病いではないが、蔓延して人びとを悩ます陰湿な病気である。「五沃の地（土壌の肥沃な土地）の人びとは身体堅固で、疥癬や痟酲《しようてい》（頭痛）が少ない」（『管子』地員）と、ことさら強調されているところをみると、それ以外の地方では疥癬に苦しむ者が多かったのであろう。とにかく、この不快な皮膚病に苦しめられている土地が多かったらしく、各地の山に疥癬の治療薬が蔵されているという記事が『山海経』には多い。

まず、天下の名山・華山（陝西省）の西方に連なる石脆《せきぜい》山の山麓の村里では、この山中に踏み入って、条という草の実を採り、疥癬の薬としていた。

……その草は条多し。その状は韮《きよう》（にら）のごとくにして白き華・黒き実なり。これを食えば疥を已む。（西山経次一経）

条の植物学的科目は不明だが、採取して薬餌として食べたのはその黒い実であろう。いっぽう、石脆山の西にあたる渭南県東南の竹山地区の村落では、山中で採った黄雚《こうかん》をひたした薬湯を浴びて疥癬を治療する療法をとっていた。

竹山……草あり。その名を黄雚という。その状は樗《ちよ》のごとく、その葉は麻のごとし。白き華にして赤い実、その状は赭《しや》のごとし。これに浴すれば疥を已む。またもって胕《ふ》を已むべし。（西山経次一経）

「その状は赭（赤色）のごとし」というのは赤い実の形状ではなく、その色彩をさしている（郭璞の注）というが、すでに「赤い実」といっているから、そのうえに色彩を繰り返すのは煩雑である。この句が衍文《えん》（余計な文）でなければ、赭は実の内実を表現した文字であって、中味が赭土《あかつち》のようだというのではなかろうか。いずれにしても、竹山の黄雚の実を薬物とする薬湯療法が行なわれていたことがしられる。なお、黄藋の薬湯は疥癬のほかに胕腫にも効果があった。心臓の疾患から血行障害をおこし、水がたまって膚肉が腫れ、軽いものでは下肢がむくんで脚気の症状を呈し、重症なものは「身尽く胕腫」(『呂氏春秋』情欲)となる病気である。

## ◈湿布《しっぷ》と温泉療法

『史記』に古代の医療に関する一篇があり、前漢以前の名医として著名な扁鵲《へんじゃく》と漢代初期の名医・倉公の施した数多い臨床例が記載されている。そのなかに扁鵲の療法のひとつとして薬熨《い》、つまり薬液を布に浸して貼り、患部を刺激する罨《あん》法(湿布)が含まれている。また、倉公の療法として、菑《し》川《せん》王が蹶上《けつじょう》(のぼせ)の病いのため頭痛と発熱で苦しんだとき、冷水を灌《そそ》いで治癒させた灌水療法が認められる。宮下三郎はこのような薬熨法や灌水法は、もともと身体内に潜んでいる悪霊を追い出そうとする考えから発展した呪的療法であろうといっている(「中国古代の疾病観と療法」)。

竹山に生えている黄藋の植物学的科目も不明であるので、その薬学的効用もまた未詳だが、宮下流の解釈をすれば、この療法のそもそもの最初は呪的療法に由来した治療であったのかもしれない。ちなみに、薬湯療法はずいぶん大昔から知られていた。『山海経』の編録以前からすでに温泉療法が行なわれていたことから、そのことが想像される。

湯山、湯水はここより出《い》づ。この湯は能く疾いを癒す。

この記述は現行本『山海経』にはない逸文で、『太平御覧』巻四五に引かれて残る記録である。これによれば、人びとは山中に立ち入って、川となって流れる温泉にはいり、病気の治療をしていたことがわかるのである。

### ◈白癬の特効薬

山西省の河曲（南流した黄河が東に向きを変える流域）地方では、渠豬《きよちよ》山から流れでる川のなかに疥癬《かいせん》の妙薬を求めていた。

渠豬の山……渠豬の水はここより出《い》でて南流して河にそそぐ。そのなかにこれ豪魚多し。状は鮪《い》（蝶ざめ）のごとし。赤き喙・尾、赤き羽、もって白癬を已むべし。（中山経次一経）

白癬は頭などに生じるシラクモのこと。この文は『太平御覧』（巻九三九）に引用されており、そこでは「……食いてもって白疥を已むべし」となっている。いずれにしろ、川魚を皮膚病の薬餌としたもので、こうした食餌療法はほかにもあった（図41）。

青丘の山……英水はここより出《い》でて南流し、即翼《そくよく》の沢にそそぐ。そのなかに赤鱬《せきだ》多し。……これを食えば疥せず。（南山経次一経）

河南省陝県を流れる橐《たく》水地方でも、その川に棲む脩辟《しゅうへき》が皮膚病の薬餌とされていた。

> 橐山……橐水はここより出《い》でて北流して河にそそぐ。そのなかに脩辟の魚多し。状は黽《ぼう》のごとくにして白き喙、その音は鴟《し》のごとし。これを食えば白癬を已む。（中山経次六経）

黽（鼃《わい》）は蝦蟇《がま》・蛙のたぐいをさす。したがって、脩辟の魚は蛙の一種であろう。これを魚といっているのはほかでもない、水中を遊泳する動物であるからである。蝦蟇や蛙を鼃魚・坐魚・蛤《こう》魚などと呼び、穿山甲を鯪魚などと呼ぶなど、水陸両棲の動物を魚の名を付して呼ぶ例は多い。

さて、唐代の陳蔵器の『本草拾遺』など、後世の本草書は蛙の仔のおたまじゃくしや青蛙をヒゼン・タムシ・インキンの塗り薬の原料として、また、おたまじゃくしを瘡《きず》の薬や解毒剤《げどくざい》として飲用する療法を誌している。本草書のなかの以上のような療法は、『山海経』の成立のころに、すでに行なわれていたのである。

図41…赤鱬

### ◈薬物としてのおたまじゃくし

『山海経』につぎの記載がある。

䔡《るい》山、……湖水はここより出《い》でて食《し》水にそそぐ。そのなかに活師多し。（東山経次一経）

この湖水やその源である䔡山が今日のどの山岳と河川に相当するのか、その比定はむずかしいが、「活師多し」という記録は一見尋常に見えてじつは奇妙な記事である。「活師」すなわち「活東」（『爾雅』釈魚）とか「聒子《かつし》」などとも呼ばれる科斗（おたまじゃくし）はどこの沼沢や地溝にも田圃にも群棲しているからである。たとえば、古代の官制を誌した『周礼』（秋官）に、蛙の鳴き声がうるさすぎるので、除虫菊の灰を撒《ま》いてそれを圧殺する蟈《こく》氏という役職がいたというほど、蛙の仔はどこにも無数にいた。にもかかわらず、山経四百五十条ほどの記述のなかに、この䔡山の条一か所だけ、ことさらにおたまじゃくしの棲息することを記録しているのは、なにか特別の意味があってのことに違いない。

すでにみたように、おたまじゃくしは古くから疥癬や解毒の薬物として使用されてきた。『本草綱目』にもこう誌している。

俚俗に三月三日、皆小蝌蚪《かと》（おたまじゃくし）を取り、水をもってこれを呑む。瘡を生ぜずとい

う。亦、毒を解き瘡を治すの意なり。（巻四十二）

湖水の活師の記事も付近の村里の人びとが皮膚病の妙薬として珍重していたことを伝えたのであったかもしれない。

ところで、おたまじゃくしにはもうひとつの用途があったらしい。これは本草家たちの間で、頭髪や髭の染料としても知られていた。『本草拾遺』によれば、おたまじゃくしを青い胡桃《くるみ》の実の上皮と搗《つ》きまぜてドロドロにしたものを、白くなった頭髪や髭につけると、黒く染まり、けっして変色しないという。おたまじゃくしを白髪染めに用いた話は唐以降の文献にも見えている。今日では散逸してしまったが、おそらく神仙家・道家の関係書と思われる『岣嶁神書』（『本草綱目』巻四十二）にも、三月三日に採った科斗を陰乾《かげほ》しにし、これを熟した桑の椹《み》とまぜたものが白髪染めの特効薬であると述べている。

### ◈不老長生と白髪染め

白髪や白髭を黒く染めることを、現代でも俗に「若返り法」と称するが、昔も不老長生の秘術のひとつとされていた。漢代の劉向《りゅうきょう》の『列仙伝』や晋の葛洪の『神仙伝』には、一夜にして白髪をまっ黒い頭髪に変え、これを不老の奇術だと誇らしげに語った仙人や道士のエピソードが多い。

フレーザーの『金枝篇』には、王様に老化の徴候があらわれると、たちまち部下に殺されるという「王者弑殺」の習俗例が多く集められている。そのなかに、十九世紀初葉のアフリカ・ズールー族の暴君チャカが整髪油を不老長生の秘薬と誤解して、西欧人に所望した話が載っている。

似た事件は古代中国にもあった。漢の王権を奪った新国皇帝の王莽《もう》は反政府の火の手が各地に挙がると、白くなった頭髪を黒々と染めあげ、天下の帝王にふさわしい壮者であることを誇示し、天下の美女たちを傍に侍らせ、そのなかから、杜陵《とりょう》の史氏の娘を皇后に選んで、豪奢な婚礼を挙行したと伝えられる。王莽がどのようなものを白髪染めに用いたかはわからないが、暴君チャカの場合と同じく、頭髪や髭を黒く染める材料は不老回春の妙薬と考えられていたのである。

湖水の活師が白髪染めの原料とされたにせよ、疥癬などの皮膚病の薬物とされたにせよ、その意図は人びとが採取して利用した財物、おそらく薬物であったことを示すことにあったと思われる。問題は科斗というごくありふれた財物に関する記事が、この薵山の条にしか残されていないことである。『神農本草経』に、蠱《こ》毒を払い、邪気を駆除するのに用いる朱について、旧斉国の代郡産出の朱丹が特別に良質で効力があると誌しており、また、本草家たちの間で、延命の妙薬のひとつとして珍重された菊は、なかでも南陽酈《れき》県(河南省西南部の内郷県東北)産の菊が最良の薬剤であるといわれていた。このように、同種の財物でも、とくに某地産のそれがもっとも良質とされ、特記される例が多い。同じように、玉といえば古来、于闐《うてん》の玉といわれた。玉石は中国各地からも多数産出していながら(伊藤清司「『山海経』と玉」)、于闐産の玉ばかりが喧伝されたのは、西域産のそれが良質で珍重されたからであろう。薵山の条にのみ、とりたてて「活師多し」と誌されているのも、この地の科斗が良質の財物として、とくに広く世に知られていたためであろう。

### ◈虫歯に啄木鳥

皮膚の疾患には吹き出物・腫れ物・肉刺《まめ》・疣《いぼ》・皹《ひび》などがあり、昔からそれぞれ対症療法が行なわれていた。

まず、疣について。『山海経』に疣の薬物の記事が多い。しかもその薬物は、なぜか水棲動物がやたら目につく。たとえば、滑水の川の滑魚がそれである。

求如の山……滑水はここより出《い》でて西流して諸毗《しょひ》の水にそそぐ。そのなかに滑魚多し。その状は鱓のごとくにして赤き背、その音は梧《ご》のごとし。これを食えば疣《ゆう》を已む。（北山経次一経）

鱓は蛇（郭璞の注）や鰻などに似た淡水魚というから、滑魚もそれに近い魚類と思われる。ただし、西山経次三経の楽遊山の条に、

……桃《とう》水はここより出《い》でて西流し稷沢《しょくたく》にそそぐ。……そのなかに鮹魚多し。その状は蛇のごとくにして四足。これ魚を食う。

と誌す鮹魚(鰃《い》魚の誤りとする説もある)と同種とすれば、爬虫類とみるべきである。

さて、「疣を已む」の「疣」は皮膚上に突起する角質の小さい塊、いわゆる疣《いぼ》・胼胝《たこ》・面皰《にきび》などをさしたものである。『神農本草経』(巻二)にも鼉《だ》(とかげ類)の甲は瘉・疥・死肌に効くとある。おそらく、両棲動物は背中が疣のような顆粒状鱗甲に被われているため、そのような大きい疣状の鱗甲をもつとかげ類や鮹魚を薬物とすることで、皮膚に生じた疣を圧殺することができると考えたと思われる。つまり、一種の対抗呪術的療法であったわけだ。

『淮南子《えなんじ》』(説山訓)に、古代の医療について誌したなかに、「斲木《たくぼく》は齲《う》(虫の食った歯)を癒《なお》す」とか「貍頭《りとう》は鼠瘡《そそう》を癒す」と述べている。前者は斲(啄)木鳥が樹木のなかに巣食う虫を啄《つつ》いて食べる習性にあやかって、齲歯《むしば》のなかの虫を突ついて出そうという呪的療法である。後者も鼠に咬まれたら貍(猫)の頭の血をとって塗れば癒るというのだから、これも対抗呪法であろうか。また、こうも考えられる。――「鼠瘡」とは癙《しょ》瘡、つまり頸や腋などに発生する瘰癧《るいれき》のことで、この症状は鼠の食べ残しを口にしたり、鼠に嚙まれるなど、発病源が鼠にあるとされたから癙と呼ばれた。「貍頭」は貍(黎)豆、つまり豆類である虆《らい》の実のことで、貍(猫)が鼠をよく退治するところから、貍頭と語呂の通じる黎豆で鼠=癙を退治できると考えられた。いずれにしろ、その発想は一種の対抗呪術的療法である。

言語遊戯的趣味の濃い論理だが、古代の医法にはこのような呪的要素が多かったのである。

◈良薬としての毒

さきの黎豆（櫐）は、葛のように蔓を伸ばし、その豆実は皁莢子《さいかちのみ》に似ている。脱扈《だっこ》山の山中に生えている植楮《しょくちょ》も櫐に比較的似た植物で、しかも癙瘡によく効くという。

脱扈の山、草あり、その状は葵の葉のごとくにして赤き華・莢の実、実は椶《そう》（椶櫚《しゅろ》）の莢《きょう》のごとし。名《なづ》けて植楮という。もって癙《しょ》を已むべし。（中山経次一経）

植楮は櫐と似てはいるが、同種の植物とは思えないし、またその名と癙との間に、貍頭と鼠にみられるような言語遊戯的対応関係もありそうにはないので、なぜ、癙の薬にされたかはわからない。あるいはその莢にはいっている実が瘰癧を連想させるため、対抗呪物として採取されたのかもしれない。

この種の植物が癙疾に効用があるとされたことから、山間に入って採取する習俗は、ほかの地方にもあった。

皐塗《こうと》の山……その上に……草あり。その状は藁茇《こうばつ》のごとし。その葉は葵のごとくにして赤き背。名《なづ》けて無条《ぶ》という。もって鼠を毒すべし。（西山経次一経）

「鼠を毒すべし」というから、一見すると、この無条は殺鼠剤として使用されたように見うけられる。たしかに、『山海経』には「礜《よ》」（砒素《ひそ》を含む石）のように殺鼠剤として使用される財物の記事が含まれている。しかし、ここではそう解すべきではない。そもそも、香草の藁茇（藁本、かさもち）に似た植物であるこの無条は鼠を殺すような毒性があるはずがない。畢沅のいう、無条は蘼蕪《びぶ》であろうという推定が正しいとすれば、癙病にあてられた可能性が濃い。というのは、『名医別録』などの本草書は、瘰癧の薬になる植物として、当帰（山蘄《き》、まさきかずら、またはやまぜり）・芎藭などの芳草をあげ、さらに榛《しん》（はしばみ）や厚朴《こうぼく》の実（逐折《ちくせつ》、ほうのきの実）もまた「鼠瘻を療す」薬として珍重されることを記述している。したがって、皐塗山の無条もこれら植物と同じように、鼠（癙）の治療にあてられたのではないかと考えられる。

「毒」の文字は普通、毒殺などの用例のように、有毒物によって殺す・害《そこな》うこと、あるいは毒物そのものの意味に用いられるが、薬物をもって痛みを治すこと、またはその薬物というプラスの意味をも持っていて、本来は、その疾患治療の用途に供されるものであった。『周礼』（天官・医師）に、

毒薬を聚《あつ》めてもって医事（治療）に共（供）す。

とある毒薬はその一例である。皐塗山の無条も癙病の治療に用いられるというのが本意であろう。

◈腫物の特効薬

腫物の治療にあてられる薬物もまた各地の山陵川沢にあった。山西省西南の中条（雷首）連山中の金星山地方では、山中の獣骨らしい天嬰《えい》が腫れ物の特効薬として評判になっていた。

金星の山、天嬰多し。その状は竜骨のごとし。もって痤《ざ》（小さい腫れ物）を已むべし。（中山経次一経）

古代の水利治水事業を述べた『史記』の「河渠書」に、土を掘って竜骨を発見したという記録がある。また、漢の恵帝七年の夏の一日、はげしい落雷があり、そのため、南山の樹木がことごとく燃え尽き、全山焼土と化したのにつづいて、盆を覆えすような豪雨があった。そのため、後日、南山の山中で露出していた件《くだん》の竜骨を拾うことができたという伝承があった（『述異記』）。

図42…鯥

本草関係の文献によれば、竜骨は晋(山西省)の山中、とくに渓谷の岸の穴のなか——竜が死んだ跡に発生するものだというから、おそらく、ある種の動物の化石、ないしは土中に埋没した得体の知れない大形獣の骨類を神秘感をこめてそう呼んだのであろう。金星山の山のなかから出る天嬰は、おそらく、この類の化石か獣骨にちがいない。

竜骨はまた、マラリアの特効薬として昔から有名であった。『神農本草経』その他の本草書には、老魅・精物、つまり魑魅魍魎を撃退し、また欬逆《がいぎゃく》(のぼせて咳の多発する病気)などの症状に効く薬物であると、特記されている。

「処変れば品変る」で、柢《てい》山地区の人びとは山中に棲息する鯥《りく》を腫れ物の薬餌としてきた(図42)。

柢山は水多く、草木なし。魚あり。その状は牛(牛魚)のごとし、陵居す。蛇尾・翼あり。その羽は魼《きょう》(脇)の下に在り。その音は留牛(犂牛、まだらうし)のごとし。その名を鯥という。冬に死し夏に生く。これを食えば腫疾なし。(南山経次一経)

鯥は冬眠の習性をもち、丘陵などの水辺に棲む動物らしい。具体的にはどのような動物かは不明だが、中国南部の深山幽谷に棲む鯪魚(穿山甲)や鯢魚(山椒魚)、とくに後者を彷彿させる。むろん、穿山甲も山椒魚も脇の下に翼などなく、この記述とは吻合しない要素もあるが、グロテスクな鯥が神秘視され、そのため、誇張あるいは誤解されて、このような描写となったのではないだろうか。

## ◈四六の蝦蟇

神秘視されるあまり、誇張ないし誤解を招いたのではないかと思われる山川の財用に、狂水（河南省）に棲む三本足の亀がある。

大𦯬《こ》の山……その陽《みなみ》、狂水出《い》でて西南流して伊水にそそぐ。そのなかに三足の亀多し。食えば大疾なし。もって腫を已むべし。（中山経次七経）

『爾雅』（釈魚）に三本足の鼈《べつ》を「能」といい、同じく三本足の亀を「賁《ふん》」と呼ぶとあるから（図43）、さしづめ、この狂水の亀が「賁」で、蠱《こ》疫（毒虫入りの食物を食べると罹《かか》る命とりの病気）に効くといわれる従水に棲む三足の鼈（スッポン）（中山経次七経）が「能」ということになる。「能」については、堯帝に誅罰されて羽淵に身を投じた鯀《こん》が化したものだという伝説があるように、「賁」のほうにもすで

図43……能と賁

に失なわれてしまった伝承があったのかもしれない。江蘇省宜興県の南にある君山の山上池には、三本足で六つ目のあるスッポンが棲息するという風説があった(郭璞の注)。これはさしづめ「能」の末裔ということになろうか。

世界には畸形な脚をもつ動物の伝承が少なくない。日本では茨城県筑波嶺の山上に、いわゆる「四六の蝦蟇」と呼ばれる異形の蝦蟇が群棲するという巷説があり、しかも、その蝦蟇が鏡に写ったおのれの怪奇《グロテスク》な姿をみると、身体から油をしたたらせるといわれている。その油が切り傷などの皮膚の疾患に特別の効能があるとして喧伝され、巷間で市販されてきたことは周知のとおりである。その「四六の蝦蟇」も、いってみれば、筑波山が蔵する民間医薬という財物である。腫れ物に効くとされる狂水の三足亀にも、筑波の蝦蟇流の薬効の由来を語るなんらかの風説があったのかもしれない。

### ◈ひびわれ・あかぎれに羊の肉

皮膚の薬物とされた山中の財物について、もう一例紹介する。

銭来山は華山の東方に聳える山岳。その山中に羬《かん》羊と呼ばれる大きな羊が棲んでいた(図44)。

……獣あり。その状は羊のごとくにして馬尾。名《なづ》けて羬羊という。その脂はもって腊《せき》を已むべし。(西山経次一経)

郭璞は大月氏国には驢馬ほどもある大形の羊がおり、尾は馬の尾に似ているといっている。羬羊とは西アジア・中央アジアに分布していたいわゆる太尾羊のことであろう。この種の羊は尾の付け根の両側に相当量の脂肪の塊があり、その臀《でん》部の脂肉を切り取り、それで乾肉を作るとともに、その切り口を縫合しておくと、また臀部の脂肉が旧に復するという。羬羊はいわば取っても取ってもいっこうに減らない脂肉の貯蔵庫だというわけである（榎一雄「大月氏の太尾羊について」）。

銭来山麓の人びとは、腊、つまり、厳寒時に手足に生じた皹《ひび》・あかぎれなどを治すために、羬羊の脂肉を手足に塗ったのである。

つまり、ここでは羬羊は食料や皮毛の対象ではなく、薬物の対象であった。

『山海経』の記録する山川が提供する財用は、このように、食糧や用具の材料としてではなく、主として薬物や呪物などであって、人びとの生活を脅やかす疾病や妖怪・邪鬼に対抗して、「内なる世界」の生活を安寧にする積極的な価値をもつ財物だったのである。

図44…羬羊

### ◈ひげや尾で飛ぶ獣

山川が提供する薬物について、最後に眼疾に関するものをあげておきたい。眼疾はその症状に応じて薬物の種類も療法もさまざまである。たとえば、陝西省米脂県北方の上申山の一帯では、山中に群棲する当扈《とうこ》が眼病の薬餌にあてられた。

上申の山……その鳥は当扈多し。その状は雉のごとく、その髯《ひげ》をもって飛ぶ。これを食えば目を眴《げん》せず。（西山経次四経）

眴目とは目の揺れる現象だという（『説文』）。視る対象が翳《かす》み、焦点の定まらない症状、あるいは眼がくらむ眩暈《めまい》のことをさすらしい。顚眴病、俗にいう風眩のような症状も眴目と称した可能性がある。ところで、髯で飛行する鳥とはいかにも奇妙であるが、おそらく、上申山の当扈はももんが・むささびの類で、かれらが樹々の間を飛びわたる生態を誤って観察した結果の風説が、このような描写となったのにちがいない。

丹熏《たんくん》山の耳鼠《じそ》がこの当扈の正体を見きわめるうえでおおいに参考になる。

丹熏の山……獣あり。その状は鼠のごとくにして菟《と》首・麋《び》身。その音は獋《ごう》犬（吠える犬）のごとし。その尾をもって飛ぶ。名《なづ》けて耳鼠という。これを食えば脒《さい》せず。またもって百毒を禦ぐ

べし。　（北山経次一経）

胴体が麋《おおじか》に似るというのは、この耳鼠の体の大きさの比喩ではなく、格好をいったものだろう。頭部が菟《うさぎ》に似て、しかも形は鼠のようだというから、山間に棲む小型の動物である。耳鼠という名も鼠に似た動物だからにちがいない。

尾で飛行するという描写について、郭璞《かくはく》は「髯《ひげ》で飛ぶ」と誌す書もあったという。そこで、清代の学者の呉任臣や郝懿行は耳鼠は鼯《ご》鼠、鸓《るい》鼠、つまり、むささび類だと説いている。翼がなくても樹間を飛ぶこの種の動物の習性が、さきの当扈の場合のように歪曲されて、尾で飛ぶ耳鼠という記述となったにちがいない。なお、耳鼠が薬物として用いられた対象の「睬」という症状については、大要三通りの解釈がある。第一は腸管内にガスがたまり、腹部の張る脹満症状、第二、三は婦人の妊娠に関連するもので、そのうちのひとつは安産に関係する。この点についてはあとでとりあげることにしたい。

### ◈視力減退の防止薬

視力の減退を止める薬物も山陵中にあった。山西省永済県の東南にあたる甘棗《かんそう》山は、その昔、伯夷・叔斉兄弟が殷朝にたいする臣節を守り、飢えて蕨を求めてさまよったあたりであり、首陽山・歴山・蒲山などとも呼ばれた山。この山に蘀《たく》という草花が野生していた。茎が葵、葉が杏《あんず》または楛の葉に似ており、黄色い花が咲き、実は莢状になるというが、その植物学的科目は確かめがたい。この籜を甘棗山麓の人びとが、

……もって瞢《もう》を已むべし。（中山経次一経）

として、その植物を採取した。「瞢」とは盲目のことだとする解釈が昔からあるが、余《よ》雲岫《うんしゆう》は高齢者たちにおこる老眼的症状で「視て審《つまびら》かに諦《あきら》かにせざる」症状をさすといっている（『古代疾病名候疏義』）。

いっぽう、小侯山一帯の村々では、その山中に棲むある種の鳥を捕えて、視覚障害のための薬餌にした。

小侯の山、……鳥あり。その状は烏のごとくにして白き文。名《なづ》けて鴣鸐《こしゆう》という。これを食えば灂《しょう》せず。（北山経次三経）

灂は𥌓《しょう》（瞧）と同じ（郭璞注）で、視力が減退し障害のおこること。ただし、籜や鴣鸐が視覚障害の特効薬とされる事由は、今日確かめる術はない。

紙面の都合もあるので、主要な疾病とその薬物名ならびに薬物を蔵する山陵川沢の名を一六一頁に示すことにする。

## ◈村と巫医

人びとが妖怪・鬼神の棲む危険な領域に足を踏み入れるのは、すでにのべたように、主として開墾のためであり、生活の資材を入手するためであった。

ところで、『墨子』節葬篇につぎのように誌している。

| 山陵川沢名 | 薬物名 | 症状 | 篇名 |
|---|---|---|---|
| 陽山の留水 | 䱄父《かんぽ》(魚) | 嘔吐 | 北山経次三 |
| 大騩《き》山 | 䓘《ろう》(草) | 腹の病 | 中山経次七 |
| 梁渠山 | 囂《ごう》(鳥) | 腹痛・下痢 | 北山経次二 |
| 禱過《とうか》山の浪《ぎん》水 | 虎蛟《ここう》 | 痔疾 | 南山経次三 |
| 天帝山 | 櫟《れき》(鳥) | 痔疾 | 西山経次一 |
| 牛首山の勞水 | 飛魚 | 痔・下痢 | 中山経次一 |
| 鼓鐙《ことう》山 | 榮草 | 中風 | 中山経次一 |
| 北囂《ごう》山 | ⿱般鳥⿰冒鳥《はんぼう》 | 暑気あたり | 北山経次二 |
| 翼望山 | 讙《かん》 | 神経衰弱性反応 | 西山経次三 |
| 単張山 | 白鵺《や》 | 喉痛 | 北山経次一 |
| 泰器山の観水 | 文鰩《よう》魚 | 狂気 | 西山経次一 |
| 北獄山の諸懐水 | 鮨《けい》魚 | 狂気 | 北山経次一 |
| 陽山 | 領胡《りょうこ》(獣) | 狂気 | 北山経次三 |

表…主要な疾病とその薬物名、薬物を蔵する山陵川沢名

関市・山林・沢梁の利を収斂《れん》し、もって倉廩《りん》・府庫を充《み》たす。

関市の利（関所の通行税と市場の営業税）と同様に、山林の産物や沢梁の利（川や沢での漁獲物）は支配者の重要な財源であったというのである。同じことは『左伝』に誌された楚の司馬（軍政の長官）となった蔿掩《いえん》が諸役人にくだした指示のなかにも認められる。それは田畑を登記させる一方で、山林の材を見積り、藪や沢池を集計し、台地や丘陵を区別するなどして、国庫の収入の確保をはかれというのであった（襄公二十五年の条）。つまり、山陵川沢には国家の財政をうるおす各種の財物が豊富に内蔵されていた。一例をあげよう。『国語』楚語下によれば、雲夢《うんぼう》の藪沢は金木竹箭の生じる所であり、亀珠・歯角（動物の歯牙や角）・皮革・羽毛などの諸物資の供給地であったという。

このように山沢は資材に富んでいたから、あとでも触れるように、山沢の利は専制君主権力を形成する重要な経済的基盤となったとされるのである（増淵龍夫『中国古代の社会と国家』）。

『山海経』を古代地理書、あるいは物産誌だとする見解が行なわれている。たしかに同経の山経には、すでに紹介したように、地理的記述も多く、各種の鳥獣魚貝や草木、さらに金玉等の財物名が誌されている。しかし、それらのなかで、記述が具体的で、かつ入念なものは、上掲のように、薬物・呪物としてのそれらであり、記載の質量ともに薬物・呪物は特出している。山経の本質はまさにこの点にあるといわなければならない。

ところで、『常陸国風土記』によれば、麻多智が夜刀の神の聖域を犯して、その怒りを買った

とき、麻多智は山の入口に「内なる空間」と「外なる空間」の境を示す標識の杭を建てて、

夜刀の神に告げて曰《い》いしく。「此より上《かみ》は神の地《ところ》と為すことを聴《ゆる》さむ。此より下《しも》は人の田と作《な》すべし。今より後、吾、神の祝《はふり》と為りて、永代《とこしえ》に敬い祭らむ。冀《ねが》わくばな祟りそ、な恨みそ」といいて、社を設けて初めて祭りき。

という。つまり、山の怪神を祭祀することによって、その怒りを解《と》き、制裁からまぬがれようとしたのである。

柳田国男は山神の祭祀について、近世には鉱山の繁栄や狩猟のためというものもあるが、「大多数は採樵と開墾の障碍無きを禱るもの」で、それが祭祀の最初の動機であった。「其の祭を怠った制裁は……怪我をしたり、発狂したり、死んだり」さまざまな不幸がおこったという(「山人考」)。

中国の古代でもそれは同様であった。開墾であれ、財物の採取であれ、「危険な空間」に立ち入るに際して、人びとは鬼神の許しを乞い、祭儀を行なった。それを邑里の人びとが、麻多智のように、みずから祝《はふり》となって行なった場合もあったろうが、多くは村落共同体のなかの物識り、あるいは聖職者・巫祝がその中心的存在となって行なったと思われる。

祭祀の主役を演じた彼らは、また、山川の財物の採集、とりわけ薬物・呪物の採取に中心的役割を果した。鬼神に奉仕する彼らは当然、薬物にも通暁していた。疾病等の原因が鬼神の仕業と

する観念の一般的である社会では、神々を祀る聖職者が医師でもあったからである。巫祝でしかも医療に当る者を古代では巫医と通称した。その巫医について、『逸周書』はつぎのように伝えている。

郷は巫医を立て、百薬を具えて、もって疾災に備う。（大聚）

古代社会では、その巫医が村落共同体で、医事とともに祭祀にも従っていた。漢代に、「郷に……医巫を置き、もって疾病を救い、もって祭祀を脩《おさ》む」（『漢書』晁錯伝）ることをしたのも、おそらく、先秦以来の伝統をひきついだものにちがいない。

このように、巫祝は山川の鬼神の祭祀を行ない、しかも、山川に蔵されている薬物・呪物などの財物の採取にあたって重要なかかわりをもち、また、民間の医療にも当っていたことが想像される。そして『山海経』山経の記事には、このような聖職者・巫祝の職務内容、あるいは彼らの存在を生みだした村落共同体の呪的宗教的生活が投影していると思われる。『山海経』山経はけっして単なる物産誌や地理の書ではない。以下で、このような山経の性格をさらに検討し、たしかめていこう。

# 三――懐妊・避妊の薬物

## ◈懐妊の呪物

古来、中国では三多、つまり、多福(富財)・多寿(長命)・多子(子沢山、とくに男子)が人生最高の幸せだとされ、人びとはその実現を願ってきた。多福・多寿もさることながら、子供のない人生は、確かに空虚で無聊なものであるばかりでなく、祖先の祭祀を絶つことにもなり、先祖にたいする最大の不孝ともされた。したがって、子のない者、とりわけ、児に恵まれない婦人の子宝を欲する心情は切々たるものがあった。春秋時代、魯《ろ》の国の叔梁紇《こつ》の妻の顔氏が尼丘の山に子授けを禱って孔子をもうけた話(『史記』孔子世家)は有名だが、おおぜいの無名な女たちも子宝を神霊に祈り、そして無事な出産を願ってきたにちがいない。

ところで、古伝説は脩己《しゆうこ》が薏苡《よくい》(はとむぎ)の草の実を食べて禹《う》を孕み、簡狄《かんてき》が玄鳥(つばめ)の卵を飲んで懐妊して、契《せつ》を出産したという。また、姜嫄《きようげん》が野原に出かけ、巨人の足跡と称するものを踏んで妊娠し、棄《き》を生んだと語っている。これらは夏・殷・周各王朝の始祖の神秘な出生を強調する感生神話である。こうした異常生誕に関する伝承が形づくられる背景には、古代の人びとが日ごろ祈りをこめて行なってきた、さまざまな求子の呪術や安産のための習俗があったことを物語っている。

『詩経』周南の「芣苢《ふい》」の詩は、

　芣苢、採り採り、ちょいとそれ採り……

というような単純な句を繰り返して歌う婦人たちの摘み草の詩だとされている（図45）。その「芣苢」（おおばこ）は、おそらく、日常の食膳に供える蔬菜として摘んだのではなく、薬草として採取したものと思われる。この「芣苢」の語はもともと「胚胎《はいたい》」（孕むこと）と音が通じ、懐妊を意味した言葉であると、聞一多は説いている（「匡斎尺牘《きょうさいせきとく》」）。『逸周書』（王会）に、西方の康民がもたらした「桴苡《ふい》はその実、李のごとし」と述べたあと、「これを食えば子に宜し」と誌しているが、その桴苡も芣苢と同音同義の文字である。

おおばこはたくさんの実を結ぶ。その結実の豊富さが多子＝子沢山を連想させ、それを食べることによって、その多子にあやかろうとしたものであろう。つまり、感染呪術的発想から、芣苢は懐妊促進の薬餌とされたのである。

聞一多は鯀《こん》の妻の脩己が食べて禹を孕んだという薏苡《よくい》も同じような薬餌で、おそらく、それは芣苢《ふい》、桴苡《ふい》の変化した語ではないかといっているが、薏苡のほうは稷粟類のはとむぎのことであるらしいから、芣苢・桴苡とは同じ植物ではないだろう。ただし、はとむぎも実を豊かにもっている。芣苢・桴苡・薏苡は特定の植物の名というより、もともと、多子(実のたくさんなること、またはそのもの)というほどの意味の語彙であったのかもしれない。

### ◈婦人があこがれた山

さて、崇吾山地方では、この山中に生えている枳《じ》(からたち)の実に似た植物の実が妊娠を促す薬物とされていた。

崇吾の山は河の南に在り……ここに木あり。員《まろ》き葉にして白き柎《ふ》(花萼《かがく》)。赤き華・黒き理(きめ)、その実は枳のごとし。これを食えば子孫に宜し。

(西山経次三経)

図45…芣苢

この崇吾山の植物は呼び名が欠落し、そのボタニカルな比定はむずかしいが、白い萼に包まれた花が赤く咲き、実が熟するころともなれば、子宝を祈求する山麓の女たちがその実を採りに登って来たのであろうか。それとも、お腹の子の無事な出産を願って、親や夫たちがその実を採って妊婦に食べさせたのであろうか。水上静夫は酸果類は悪阻《つわり》に特効がある、この枳に似た実も、おそらく酸果の一種で、産婦の薬物とされたであろうといっている(『中国古代の植物学の研究』)。もし、水上の説くとおりとすれば、悪阻の苦しみを和らげ、胎児の発育と安産を促がす効果が期待されたのかもしれない。

洛陽市(河南省)の西に接する新安県西北に聳える山岳を、その昔、青要山と呼んでいた。その山上からは、山を下って流れる畛《しん》水が黄河に合する一帯を眼下はるかに望見されるという。この青要山は古来、女性たちにとって評判の山であった。畛水に棲む水鳥が、子のない女にとくに効験ありと伝えられていたからである。

青要の山……北のかた河曲を望む……この山や女子に宜し。畛水はここより出《い》でて北流して河にそそぐ。そのなかに鳥あり。名《なづ》けて鴢《よう》という。その状は鳧《ふ》のごとし。青き身にして朱き目・赤き尾。これを食えば子に宜し。(中山経次三経)

この鴢は鳧(鴨)に似て脚が体の後方、尾の近くにあり、陸上歩行の拙劣な鳥であって、頭鵁《こう》・

魚鮫とも呼ばれた水鳥。一説では青鷺《さぎ》のことだともいわれているが、たしかなことはわからない。いずれにしろ、浅い水を渉る游禽類であろう。ただし、なぜ、この水鳥が懐妊ないし出産の薬効があるとされたのか、肝心の事由は残念ながらまったく明らかではない。

なお、この青要山には荀草《じゅん》と呼ばれた赤い実のなる香草が生えており、その植物もまた婦人たちの好んで採取した財物であった。

……草あり。その状は葌(菅類《ちがや》)のごとくして方の莖・黄の華・赤き実。その本(根)は藁《こう》の本のごとし。名《なづ》けて荀草という。これを服すれば人色を美にす。

その香草を身につければ色艶《つや》が美麗になるというのである。青要山が「この山や女子に宜し」という評判は事実であったのであろう。

## ◈鹿と多産

杻《ちゅう》陽山に棲む鹿蜀《ろくしょく》はこの地方の子なき婦人たちが手に入れることを望んだ財物であった(図46)。

杻陽山……ここに獣あり。その状は馬のごとくにして白き首。その文は虎のごとくにして赤き尾。その音は謠《うた》うがごとし。その名を鹿蜀という。これを佩すれば子孫に宜し。(南山経次一経)

鹿蜀は鹿科の野生獣らしい。鹿は「一雄遊べば、牝百数至る」(『抱朴子』)。とか、「一牡常に数牝と交わる」(『本草綱目』巻五十一)といわれ、古来、精強な獣の最たるものとされ、とくにその茸《じょう》(袋角)や角は強精不老剤や産後回復の妙薬として珍重されてきた。とりわけ、麝香鹿《じゃこう》の類は催生・安産に効果が高いとされ、産婦のためにおおいに用いられた。おそらく、杻陽山の鹿蜀もこの種の鹿の性能にあやかったもので、それを呪物とし、身体に佩びて子宝を求め、あるいは安産を期待したのであろう。とはいえ、大形の獣である鹿を体に佩用できるわけでもないから、おそらく、その一部をとってつけたに相違ない。郭璞は「鹿蜀の獣……その皮毛を佩すれば、子孫は雲のごとし」と説いており、郭璞が生きていた晋代では、鹿の毛皮を身に帯びる習俗があったらしい。それは『山海経』が編録された当時の民俗的伝統を継いでいたのかもしれない。ただし、杻陽山に踏み入って採取したのは皮革ではなく、抜け落ちた鹿蜀の角であったとも考えられる。そして後世、漢方医が鹿の角や袋角を強精剤やお産の妙薬とするのは、このような呪的習俗に由来するものかもしれない。

なお、六朝時代、民間に鹿葱《そう》と呼ぶ呪物を佩用する産育呪術が行なわれていた(『周処風土記』)。鹿葱は別名を萱草という草花で、子どもの欲しい婦人たちが懐妊のお呪《まじな》いとして腰に佩びたと伝えられている。曹植が鹿葱の頌を作って、妊婦がこの草花を帯びれば、必ず男の児が授かると詠っているように、この植物はとくに男児をもうけるうえで効果があるといわれ、俗に宜男草《ぎなんそう》とも呼ばれている(『太平御覧』巻九九四に引く『風土記』)。その「鹿葱」という名前からすると、あるいは陽獣とされた鹿となにか関係があったのかもしれない（伊藤清司「中国古代の懐妊呪術その他」）。

### ◈出産の呪い《まじない》

産育のお呪いとして、婦人たちはいろいろな物を用いてきた。中世の本草書には川獺《うそ》の皮毛を臨月の産婦に佩びさせて分娩を促したり、赤馬の皮革の上にお産を控えた妊婦を坐らせたり、また鶚《がく》亀（亀の類）や文鰩《よう》魚・海馬（たつのおとしご）をお産を軽くすますための呪物として用いることが誌されている。日本でも嫁となる女に犬の張り子を持参させたり、たつのおとしごを柱に飾ったりして、出産の呪物とする民俗があった。

お産のお呪いとされる小動物のなかに鼺《るい》鼠・鼯《ご》鼠が含まれている。陶弘景の『名医別録』その他の本草書は、この小動物を捕えて、その毛皮を産褥に臨む婦人に与えると、難産をまぬがれると誌している。

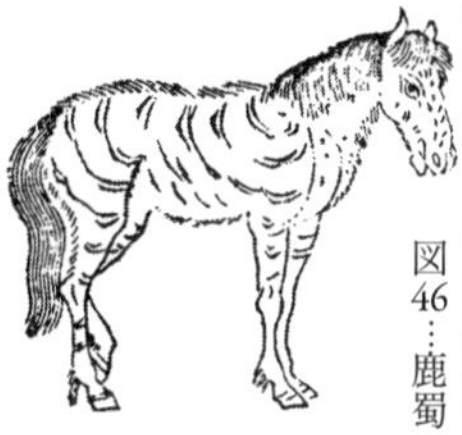

図46…鹿蜀

鼫鼠科の動物を安産の薬餌とする習俗は先秦時代からあった。すでに述べたように、丹熏山の耳鼠(一五八頁)がその一例である。林のなかを飛翔する耳鼠は『山海経』に「䐈《さい》せず」という効果があると誌している。この「䐈」の語について、諸橋轍次の『大漢和辞典』(巻九)は腹部の張ることだと釈《と》いている。この解釈は郭璞の「大腹」という注解にもとづくもので、「䐈」字のもつ第一の意味である。この字には別に妊娠に関する意味があった。郝懿行は、䐈は難産のことで、月満ちて、なお、胎児が母胎内にとどまったまま、なかなか分娩できずに難儀しているさまを示す文字ではないかと説いている。妥当な解釈であろう。耳鼠はいたずらに大鼓腹を抱えて難渋する産婦の出産をうながす催生剤として珍重されたと思われる。

山西省静楽県東北にある天池山の山中にも耳鼠に似た獣が棲息していた。これを土地の人びとは飛鼠と呼んでいたのは、翼がなくても飛ぶこの小動物の特異な生態にちなんだ名前であることはいうまでもないだろう。

天池の山……その状は兎《と》のごとくにして鼠の首。その背をもって飛ぶ。その名を飛鼠という。
(北山経次三経)

天池山のここの飛鼠はむささび・ももんが類の鼫鼠科の動物かと思われるが、さもなければ、蝙蝠《こうもり》の類であろう。『山海経』はこの飛鼠の存在だけを誌して、その効用については触れていないが、再三いうように、既出の説明と重複する部分はこれを省略するのが『山海経』山経の記述上のひとつの形式であるらしいから、丹熏山の耳鼠と同類で、これも産婦の出産促進にあてられたものと思われる。

ちなみに、

洵《じゅん》山……洵水はここより出《い》でて南流し于《う》閼《あつ》の沢《たく》にそそぐ。そのなかに茈《ひ》蠃《ら》多し。（南山経次二経）

と誌された茈蠃とは、紫を染めるのに用いる草を茈《し》というから、たぶん茈蠃、つまり紫色を呈した螺《ら》（巻貝）のことであろう。南朝宋の劉義慶の『幽明録』に概略でつぎのような逸話が載っている。

漢の武帝の前に一老人が姿を現わし、紫の螺を献上し、「この中身は蛟龍の髄《ずい》であります。顔面に塗れば肌は艶かに美しくなり、また、妊娠中の女子に与えれば、お産が軽くなります」といって立ち去った。そこで武帝がそれを後宮の女に試みたところ、効果は覿《てき》面であった。

『山海経』は洵山の条の茈蠃の使途についてなんの説明も施していないが、これも飛鼠の場合と同様に、既述の財物と重複しているためか、さもなければ、湖水の活師などと同じように、周知の事柄で、改めて説明を必要としなかったためであるかもしれない。

## ◈避妊と堕胎

懐妊を望み、出産を願うのは古今を通じて変らない人情であるが、ときには、妊娠を好まず、避妊をするのもまた人間の情であった。その理由は生活苦のためか、あるいはなさぬ仲の間にできた子のためか、勝手に想像をめぐらすほかはないが、古代の村里にも、子を宿すことを嫌う女、妊娠の不安から逃れたいとひそかに願う女性、はては堕胎・間引きを余儀なくされた婦人も少なくなかったであろう。

甘粛省清水県の嶓冢《はちょう》山地方の女たちは、子が欲しくない場合、蓇蓉《こつよう》という避妊の薬草を採るために嶓冢山に入った。

嶓冢の山……ここに草あり。その葉は蕙《けい》(蘭の属の香草)のごとく、その本は桔梗《きつこう》のごとく、黒い華にして実らず。名《なづ》けて蓇蓉という。これを食えば人をして子無からしむ。(西山経次一経)

『河図括地象』という緯書にもこう誌している。

嶓冢山……山上に異《い》なる花の草あり。骨容と名《なづ》く。これを食えば子無し。(『太平御覧』巻四十に引く文)

避妊したいと願う女たちが食べたのは、その黒い花であったのか、それとも桔梗に似た根であったのか、上記の書物はそこまでは記述していない。しかし、莕蓉を避妊の薬餌とする用法は、花が咲いても実は成熟しないというこの植物の性《さが》にあやかる感染呪術と考えられる。

地球上の各地には、古来、催淫剤とともに妊娠回避のための秘薬と称されるものが数多くある。ペルーのアマゾン河上流に住む原住民の間には、ピリピリと呼ぶ植物をはじめ、じつに二二〇〇種に達する植物が避妊の薬物として使用されてきたという。

いっぽう、洛陽の南の苦山《こ》地方では、女たちは黄棘《こうきょく》と呼ぶ植物を不妊の呪《まじな》いとし、苦山の山上に求めた。

苦山……その上に木あり。名《なづ》けて黄棘という。黄の華にして員《まろ》き葉、その実は蘭《らん》のごとし。これを服すれば字《う》まず。（中山経次七経）

台湾の蘭嶼《らんしょ》に住むヤミ族の婦人たちは、堕胎のお呪《まじな》いとして、臭気の強い草花を用いてきたという。また、子を産みたくないとき、女たちはライ（くそかずらの類）、その他の植物の葉を摘《と》り、それを火で焙《あぶ》って、下腹部または背部にあてる呪法を施したと、鹿野忠雄は報告している（『南方土俗』五巻三・四号）。苦山の女たちも黄棘をひそかに肌につけて、妊娠を回避する呪《まじな》いをしていたのかもしれない。

## 四――家畜用の薬物

### ◈牛馬無病の呪物

妖怪・鬼神に襲われるのは人間だけとは限らない。牛馬などの家畜も例外ではなかった。牛馬もまた疫鬼・邪霊に侵されて怪我をし、病いにも罹る。そこで人びとは人間のほか家畜の保安やその病気治療のための呪物や薬物も山陵川沢に求めた。家畜のなかでも、とくに牛や馬は貴重な財産であったから、死なれたりすると、その損失は甚大だ。牛馬の病気や怪我を家族同様に恐れていたとしてもけっして不思議ではない。

西岳・華山の西に連なる石脆《ぜい》山地方の人びとは、この山から流れでる灌水中に産する赤土を採取し、それを牛や馬の病気予防に用いていた。

……灌水はここより出《い》でて北流して禺水にそそぐ。そのなかに流赭《しや》あり。もって牛馬に塗れば病無し。（西山経次一経）

酸化鉄によって褐色味を帯びた赤色の赭を彩具として、畜獣に塗って避邪をはかる呪術は、六朝時代にも行なわれていたらしい。郭璞は当時も邪気を払除するために、朱色を牛の角に塗る習俗があるといい、また、赭は「牛の癘を蠲《のぞ》く」（「山海経図讃」）と詠っている。

朱色は一般に聖なる色彩とされ、魔除けに使用されてきた。山経には山陵中に赭の産出することを誌した記述が多い。それらは彩色用として、とりわけ、呪術に用いられていたと想像される。牛馬の保全に用いた呪物は赭とばかりは限らない。東始山地方では、この山中に生える芑《き》という植物を馬に帯びさせた。

東始の山……木あり。その状は楊のごとくにして赤理あり。その汁は血のごとし。実らず。その名を芑《き》という。もって馬に服すべし。（東山経次四経）

この「芑」は柳・こぶ柳の類の樹木らしい。郭璞は「汁をもって之に塗れば、則ち馬は調良たり」といい、芑の樹液を馬に塗れば、よく調教でき、乗りごこちがよくなるといっているが、芑の肌理《きめ》が赤く、樹液が血のようであるところからみると、これを馬に塗る習俗は、赭を塗って牛馬の病気を予防した石脆山地方のそれと同様に、本来は、邪気を払って、馬の体調をととのえる呪術であったと思われる。

### ◈馬を疾駆させる呪術

郝懿行は馬に赤い彩色を施す呪術について、いわゆる汗血馬にあやかることに始まる土俗ではないかと説いている。汗血馬とはいうまでもなく、漢王朝の唾涎の的であった西域産の駿馬をさす。強健千里を疾駆することを期待して、朱を馬に塗る類比呪術が、はたして、郝懿行が考えたように、汗血馬の中国伝来後、ないしは、汗血馬に関する噂さの伝播した後になって、はじめて発生したものかどうかは、いちおう疑ってかかる必要がある。むしろ、その時間的前後関係は逆で、それは中国古来の民俗であったのではないかと私は考えている。

さきに東始山地方の馬の調良呪術について、郭璞の説明にしたがい、芑の赤い樹脂を塗ると述べたが、むしろ、そのものを馬に佩用させたとみるべきかもしれない。再三いうように、「服す」とは身体に佩《お》びることであって、直接、塗ることを意味する語ではないからである。芑は邪鬼・悪霊を寄せつけない払除力のある赤色の肌理を呈しているという。馬を御し、あるいは乗る者が、馬にその芑を帯びさせて疾走させる習俗があったことは、おおいに考えられることである。

### ◈馬の調良呪術

馬の体調をととのえ、本領を発揮させるため馬体に植物を佩用させる呪法は秦嶺山脈のなかの天帝山麓でも行なわれており、人びとはそのための呪物を天帝山中に仰いでいた。

天帝の山……草あり。その状は葵のごとくその臭いは蘼《び》蕪《ぶ》のごとし。名《なづ》けて杜《と》衡《こう》という。もって馬を走らすべし。（西山経次一経）

杜衡は葵の一種で、かんあおいと呼ばれる芳香の強い草である。『楚辞』（九歌・山鬼）に、

石蘭を被《き》て、杜衡を帯《お》び、……

と詠まれていることからもうなずかれるように、杜衡は蘭や薫草と同じく、佩《お》びて身を清祓したり、神霊を招いたりするときに用いられた呪的植物であった。

天帝山麓の村々で、芳草のなかでも、とくに杜衡が馬の体調をととのえる呪術に用いられるようになったのは、この植物の葉の形と特別な関わりがあったと思われる（図47）。杜衡の葉は、ほかでもない、馬の蹄の形に似ている。そのため、馬蹄香という俗称すらあった（『唐本草』・『図経本草』）。芣苢に実がさわにみのるのにあやかって、懐妊の呪薬としたように、馬の蹄の形をした杜

図47…杜衡

衡の葉が駿足の馬の連想を呼び、数ある香草のなかでも、とくに好んで馬の調良呪物として用いるようになったのであろう。

秦嶺や大巴山脈を挾んで、天帝山とは反対の南側に当る四川省の高梁山地帯でも、これと似た馬の調良習俗が行なわれていた。

高梁の山……草あり。状は葵のごとくにして赤き華・莢の実・白き柎《ふ》。もって馬を走らすべし。（中山経次九経）

植物名が欠落しているので、この地方の調良呪術の委細は不明な部分が多い。しかし、その植物の属性描写などから推測すれば、人びとが高梁山に入って採った草花は、芳潤な香りの植物で、それを馬に用いる慣習は天帝山地帯で杜衡を呪物として行なった土俗に通じるものといえよう（伊藤清司「古代中国の馬の調良呪術」）。

# 五――善獣・瑞獣たち――悪鬼《ヒール》から善神《ヒーロー》へ

## ◈良薬は口に苦し

中国の医療は、はじめは宗教や呪術と混然一体であったが、長い間の経験的知識の蓄積によって、戦国時代前後になると、のちの秦漢時代に開花する新しい医療、つまり漢方医学の輪郭がほぼ形づくられていった(宮下三郎「中国古代の疾病観と療法」)。したがって、戦国時代から秦漢期に移る時代は、中国における疾病観および医学理論・臨床医法の脱皮期・転換期であって、それまで長い間支配的であった宗教呪術的療法と新しい経験科学療法との違いが意識されて自律離分し、後者がゆるぎない地位を占めはじめる時期であった。扁鵲や倉公の臨床例を記した『史記』の記録は、このころようやく、新しい医学・療法が優位を占めつつあることを物語っている。

こうした新しい医療体系は発病の原因をめぐる疾病観の変化にともなって形成された。疾病は疫鬼・悪霊が体内に潜入したことによるものという、それまでのミスティックな観念から、陰陽の象徴二元論によって病因を解明するようになった。つまり、大宇宙《マクロコスモス》が陰陽の二気から形成されると同様に、小宇宙《ミクロコスモス》である人体も体内の二気の調和によって成り立っており、身体に内在する陰陽の二気がいったん、平衡失調《アンバランス》の状態におちいると、疾病が発生すると考えられるようになった。そこで、治療はその失調を回復する施術を意味するようになったのである。

むろん、その移行は長期にわたって、きわめて緩慢な浸潤現象を呈しながら進められたのであり、地域的なばらつきも、階層的隔差も大きかった。ことに地方の村落や庶民の間には、アニミズム的疾病観とそれにもとづく呪的療法が根強く残存した。

『山海経』にみえる各種の療法は、ほかならぬこのような呪的療法が支配的である。そこで改めてそれらの呪的療法を通覧してみると、呪物によって、襲来する疫鬼・悪霊を威嚇し、退散させて、罹病を未然に防禦する方法と、万一、悪鬼が体内に潜入した場合、内外からつよい刺激を与えて、対外への退出をはかる方法とがあった。

このうち、後者はさらに二通りの方法に大別される。

ひとつは苦痛をともなう刺激物を体内に送りこむこと、つまり、呪薬を服飲して、悪鬼を追い出すものである。「毒薬は口に苦《にが》く、病に利《き》く」(『史記』淮南王安伝)とか、「もし、薬、瞑眩(めまい)せずんば、その疾い瘳《い》えず」(『書経』説命上)とは、このような療法から生れた言葉である。古代の神話伝説のなかに、神農氏その他の古帝王や文化英雄が山野を跋渉し、百草を嘗《な》め、一日に七十種の毒に遇いながらも、ついに医薬の道を開いたという話(『淮南子』修務訓その他)は、苦い薬物・毒薬によって、体内の疫鬼らを駆逐しようとする呪的医療の成立を伝えたものであろう。

つぎに、もうひとつの療法は、対外から疫鬼らに強烈な苦痛を加える方法である。具体的には鍼《はり》・灸《きゆう》・按摩《あんま》・毒熨《どくい》(膏《こう》薬)などで、それらは疫鬼の潜入している部位、つまり幹部を鍼《はり》でつついたり、灸《きゆう》で熱したりすることに始まる療法といわれる(宮下「前掲論文」)。ちなみに、『山海経』には箴石の産出記事がある。そのひとつはつぎのとおりである。

高氏の山、その上に玉多く、その下に箴石多し。(東山経次一経)

箴石、つまり、砭《いしばり》の原料が高氏山の山中に蔵されていて、それを採取して治療にあてたのである。

## ◈魑魅をおびやかす植物

『山海経』山経に誌されていた「内なる世界」に益をもたらす各種財物のうちで、もっとも重要なものが薬物・呪物であることは、すでにみて来たとおりである。中尾万三の集計によると、薬物・呪物のうち、身体または衣服などに佩着し、護符・呪物として使用した財物の数は二十九種に達するという(「山海経を読む」)。これ以外の薬物でも、呪薬の範疇に属するものが多い。この事実もまた『山海経』の編録された時代が、依然としてアニミスティックな疾病観にいろどられた宗教呪術的療法が支配的であったことを物語っている。

ひとり疾病観や医療体系のレベルに限るものではない。すでに紹介したように、当時、アニミズム的世界観は依然として根強く、洪水・旱魃・蝗害などの自然災厄ばかりか、兵乱や徭役さえも超自然的存在による咎殃であると信じられ、人びとはその影に怯えていたのである。

しかし、「外なる世界」は疫鬼が棲む一方で、同じその「危険な空間」には、上述のように、疫鬼のもたらす疾病を治癒する各種の薬物も蔵されていた。また、負の妖怪・鬼神のもちこむさまざまな災禍を退散させ、「内なる世界」を守護する多くの財用もそこに存在していた。

講山の山上に帝屋《ていおく》という曰《いわ》くありげな名の樹木がある。葉は椒（山椒《さんしょ》）の形をして反傷（下向けに曲った刺）で、赤い実のなる樹木であるが、これを採って、

もって凶を禦ぐべし。（中山経次七経）

と誌されている。清代の汪紱はこの帝屋は茱萸《しゆゆ》（かわはじかみ）であろうといっているが、当否は明らかではない。ただし、『周処風土記』に、

九月九日……茱萸の房を折り、もって頭に挿す。悪気を辟《さ》くと言うなり。（『北堂書鈔』巻一五五に引く文）

とも、また、

……茱萸を採り、頭鬢に挿し、悪気を辟け初寒を禦ぐ。

（『養余月令』巻一六に引く文）

とあり、さらに、梁の呉均の『続斉諧記《ぞくせいかいき》』は、鬼神を自在に駆使したと伝えられる費長房から、汝南の桓景が茱萸の入った袋を腕に懸けるようにと教えられ、そのとおりにして、一家が災難をまぬがれたという故事を誌している。なお『淮南万畢術』には、茱萸の実を軒に吊すと、魑魅の類を払除できるとも誌されている。

帝屋が凶事を回避する呪物とされたのは、茱萸同様に、実がピリリと辛いためばかりではない。葉の端の鋭い刺が寄ってくる魑魅を威嚇すると信じられたからであろう。帝屋を用いた呪法は正月に柊《ひいらぎ》や杠《ゆずりは》の葉を家屋の入口などに懸けて邪気を払うわが国の習俗に通じている。

### ◈不祥をふせぐ玉

『山海経』山経には玉の産出に関する記載が多く、

基山……その陽に玉多し。

（南山経次一経）

求如の山……その下に玉多し。

（北山経次一経）

のように、その数は総計約四五十の山のうち、その四十六パーセントの二百七山に達する。しかし、これだけ多数の記事のなかに、その使途について触れているものはつぎの一条を除いて認められない。玉の使用目的が自明のことだったからであろう。

その唯一の玉の使途記事は、峚山《みつ》の条にみえ、この山から発する丹水のなかに白玉が多く、そのなかでも瑾瑜《きんゆ》の玉がもっとも良質であるとし、

　天地の鬼神はこれ食い、これ饗《きよう》す。君子これを服すれば、もって不祥を禦ぐ。（西山経次三経）

と誌している。瑾瑜は古来、昆侖の玉と並び称された美玉（『説文』）で、『楚辞』（九歌）にも高貴な玉であると詠われている。『山海経』の文はその良質の玉を、とくに治者階級の士人（「君子」）が愛用し、災禍から身を守る呪物としたことを示す。ただし、品質の精粗・良悪は別として、玉そのものは一般の庶民も佩用していた。『呂氏春秋』（重己）にも、

　人、崑山（崑崙山）の玉、江漢（長江と漢水）の珠を賞せずして、己の一蒼璧《そうへき》・小璣《き》を愛す。

といい、西域産の美玉や江漢から出る夜光の珠などの高価な品こそ所持しないものの、貧者は貧者なりに、蒼璧（石の部分の多い質の悪い玉）や小璣（小粒で形のゆがんだ真珠）など、疑似の玉や珠を大事に

使用していたのである。

質の良し悪しを問わず、玉類はたんなる装飾物ではなかった。古代における玉の使用法に関しては論著も多いので、委細はそれらに譲るが、主として身体に帯びて邪気を払う呪《まじな》いに用いられた。また神霊を招いたり、その祭祀の供物ともされた。村落共同体で営まれた定期、あるいは不定期の祭祀にあたって、長老や祭祀にたずさわる人びとが、あらかじめ潔斎して山に入り、玉を採って加工を施し、これを「ご馳走」として山川の神などに饗応し、その宥恕を請い、あるいは加護を祈ったものと想定される。『山海経』には、このような山神の祭祀に玉を供え物とする祭法が頻繁に記録されている。

そのうち二例をあげる。


崇吾の山より翼望の山に至る凡《すべ》て二十三山……その神の状は皆半身人面。そのこれを祠《まつ》る礼には、一吉玉を用いて瘞《うづ》む。……（西山経次三経）

管涔《かんしん》の山より敦題《とんだい》の山に至る凡て十七山……その神は皆蛇身人面。その祠《まつり》には毛は一雄鶏・彘《てい》を用いて瘞め、一璧《へき》・一珪《けい》を用いて、投じて糈《しよ》せず（供物の稲米を捧げず）。（北山経次二経）

## ◈怪物を撃退する怪物

『山海経』山経は災禍をもたらす負の妖怪・鬼神ばかりではなく、人びとに味方し、凶災から守り、「内なる世界」に幸《さち》を将来する正の妖怪・鬼神も棲んでいることを誌している。翼望山の讙《かん》もその正の妖怪のひとつである。

翼望の山……獣あり。その状は貍《り》のごとく一目にして三尾。……名《なづ》けて讙という。その音は百声を奪《うば》うがごとし。これをもって凶を禦ぐべし。……（西山経次三経）

「凶」とは具体的にどのような災禍をさすのか明らかでないが、邪悪な妖怪・鬼神の祟りなどをさすものかと思われる。怪異な姿のかれら百物を駆除する能力をもつその讙もまた、一つ目で三本の尾をもつ怪異な形姿をしていた。『太平御覧』（巻九一三）に引く文では、「讙讙」と呼ばれたというから、その呼び名はこの獣の擬声語らしい。讙はほかのものの音声を掻き消し、まわりを圧するようなかまびすしい声で吼《ほ》えて、妖怪や悪霊を退散させると信じられていたのであろう。

『山海経』の地域区分からいえば、西山経に包含される陝西省鳳翔《ほうしょう》県南八里堡の秦大鄭宮の遺跡から、先年、讙の実相を窺わせるような一資料が出土した。発掘された瓦当のなかに、二匹の犬らしい動物文が見出され、報告者は命名の根拠は明らかにしていないが、「双獾紋」と説明している（図48）。闊目し、大きな口をあいて吠えたてているらしいこの図柄から、鬼瓦の鬼面文のように、屋舎の内部に忍びこもうとする妖怪・鬼神を威嚇し、撃退してくれることを期待する当時の人びとの、この瓦当にこめた願望を察することができる。なお、翼望山の讙を一目・三尾であるというのは、この山の獣が神秘化され、伝説的色彩を帯びた結果の姿であって、もともとは、山犬や狼の類の野獣がその母胎となっていたにちがいない。

### ◈凶をふせぐ天狗

翼望山の讙とよく似た獣が譙明《しょう》山や陰山の山中にも棲んでおり、ともに凶悪を禦ぐ効験をもつとされていた。

> 譙《しょう》明の山……獣あり。その状は貆《がん》のごとくにして赤き豪《ごう》(あら毛)。その音は榴榴《りゅうりゅう》のごとし。名《な》づけて孟槐《もうかい》という。もって凶を禦ぐべし。(北山経次一経)

図48…双獾紋瓦当　陝西省鳳翔県南八里堡秦大鄭宮遺址　直径一五・六厘米

陰山……獣あり。その状は狸《り》のごとくにして白き首。名《なづ》けて天狗《てんこう》という。その音は榴榴のごとし。もって凶を禦ぐべし。

（西山経次三経）

この譙明山の孟槐と陰山の天狗にも、讙と同じく、吼える声に特別な霊能を認めたのであろう。この三者は同一の獣ではないとしても、まったく異類の動物でもないらしい。以下にその根拠を述べる。陰山の天狗について、この文を引いた『太平御覧』（巻九一三）に、その姿は「狸（あるいは狗に作る）のごとし」といっている。つまり、狗の類族であるから天狗という名がついたのではなかろうか。とするならば、顔が赤く、鼻の長い日本の天狗《てんぐ》とは違い、こちらはいかにも超能力を備えた狗にふさわしい名である（図49）。

なお、『爾雅』（釈獣）に、「狼は牡を貛、牝を狼」と呼ぶと誌す。他方、貛の姿もあたかも家狗のようで、喙が尖り、脚が短いといわれる（『太平御覧』巻五一一）。また、蜀（四川省）地方の方言では貛を天狗と呼ぶ伝統があると、李時珍は述べている（『本草綱目』巻五十一）。貛と天狗が同一物か、そうでないまでも類似していたことを示唆している。孟槐についても「状は貛のごとし」とされるから、犬狼系統の四足獣で、孟槐や天狗と同類であったとみなされる。

犬を磔《はりつ》けにしたり、犬狗のミニアチュアの芻狗《すうく》（草を編んで作った狗）を使ったりして、不祥を払う土俗にみるように、犬狗による清祓儀礼や呪術は古代社会にずいぶんと多かった（凌純声「古代中国及太平洋区的犬祭」）。犬狗の尾を馬の胸に懸けて邪気を払って、馬がおびえるのを防ぎ、あるいは犬狗の牙を避邪の目的のために佩用する習俗（『神農本草経』巻下）も、つぎのように、天帝山地方で、犬狗類の毛皮をとって避邪の目的に使用したのも、同じ系統の呪術であった。

天帝の山……獣あり。その状は狗のごとし。名《な》づけて谿辺《けいへん》という。その皮を席《し》けば蠱《こ》せず。（西山経次一経）

蠱とは「妖邪の気」（郭璞注）である。この犬狗族である谿辺の皮を敷物にして、邪気を避ける呪術は、後世、民間療法として継承された。聞くところによると、巨漢横綱として有名だった先代朝潮関が足腰を痛めて大相撲を休場したさい、治療のため、山犬の毛皮を敷物にし、日常の座臥に用いたという。その治療の淵源は天帝山麓の村びとが谿辺の皮を呪物とした療法と揆を一にす

図49…天狗

るものかもしれない。

◈雷神の腹鼓《つづみ》

雷霆現象を日本では「神鳴り」という。中国でもはじめ超自然的存在の所業と信じていた。したがって、雷鳴が轟きはじめると、人びとはただただ恐惶し、ひたすらその退去を念じつづけた。孔子も迅雷烈風のおりには、必ずその容止を改めた(『論語』郷党)といわれている。たとえ真夜中でも、必ず衣冠を整えて、正座して待つべしというのが、古代の知識人の作法であった(『礼記』玉藻)。このような行動の背景には、霹靂は人間社会にたいする天神の警告であり、落雷はその懲罰であるとする応報思想があった。つまり、当時、民間に依然として根強かった雷神信仰、――雷震は雷鬼ともいうべき超自然物そのものの所業とする信仰に通じるものを、治者階級の人びとも持ちあわせていたのである。

民衆の間では、雷鬼は頭が豕で体は鱗甲で被われているとか、翼をもつ鳥の形であるとか、さまざまな姿をしているといわれた(図50)。『山海経』(海内東経)には、雷神は雷沢のなかに棲み、その形は「竜身にして人頭」で、「その腹を鼓《こ》す」と、雷鳴が轟くと誌されている。同じ内容は『淮南子』(墜形《ちけい》訓)にもあるから、雷神を竜形とする伝承は前漢初期にも根強く残っていたのであろう。

◈避雷の呪術

天地をゆるがす雷神の鉄槌からのがれるために、日本の民間では「桑原々々《くわばらくわばら》」の呪言が有効だとされていた。石田英一郎はこの俗信の源流が養蚕文化の発生地である古代中国にあり、養蚕と関係が深い桑樹信仰に由来すると主張した。この石田説には批判もあるが、それはともかく、『捜神記』や『酉陽雑俎』などの中世の書物には、桑の樹の下や蚕室のなかに身を置いて、雷を避ける話があるにはある。だが、古代に遡ると、山陵の提供する植物や鳥を使用する呪術によって、雷を避けたらしい。

図50…風神（上右）と雷神（上左・下）
（上右）江蘇省銅山県小李村苗山漢墓画像石
（上左）江蘇省銅山県洪楼地区画像石
（下）江蘇省銅山県洪楼地区画像石

嵩山の西に並ぶ半石山（河南省）の山麓の人びとは、雷を避けるために、山上に生える嘉草を採り、それを体に帯びた。

半石の山、その上に草あり。生じて秀《ひい》づる（穂を出す）や、その高さ丈余。赤き葉・赤き華。華ありて実らず。その名を嘉栄という。これを服すれば霆《てい》せず。（中山経次七経）

この嘉栄の植物分類学的科目は明らかではない。しかし、蛇山・葛山（ともに中山経次九経）や杳《よう》山（中山経次十一経）の山上にも、これが生えていると誌されているから、比較的ポピュラーな草花らしい。なお、それらの土地でも、呪物として嘉栄を佩用することで、雷の恐怖から身を避ける風習が行なわれていたのだろう。

羭次《ゆじ》山（陝西省西安市南?）地方では、避雷にはこの山に棲む鳥が効果があるとされた。その鳥は橐𩇯《たくひ》という一本足の奇鳥であった（図51）。

……その状は梟《きょう》のごとし。人面にして一足。橐𩇯という。冬に見《あらわ》れ夏に蟄《ひそ》む。これを服すれば雷を畏れず。（西山経次一経）

明るいあいだは姿を隠し、暗くなると姿を現わす鳥ならば梟（ふくろう）だが、冬眠ならぬ夏眠する鳥とはどんな鳥であろうか。しかもその脚は一本だという。マーセル・グラネーは、古代中国では踏鞴《たたら》吹きの鞴《ふいご》が一本足の鳥に連想されていると早くに指摘した。その怪鳥の名が橐𩡧《たくひ》なのである。踏鞴を操って火をおこす音、あるいは鉄が湧くときの爆音が雷鳴に似ているため、橐(橐)𩡧鳥が雷よけの厭勝《ようしょう》(まじない)とされたのかもしれないが、委細はわからない。いずれにしろ、郭璞もいっているように、この奇鳥の羽根を身に佩《お》びていれば、雷は落ちないという俗信が羭次山一帯にあった。

**◈火よけの呪鳥**

すでに紹介したように、赤い目の㺔即《いそく》獣(五九頁)・一脚の畢方《ひっぽう》鳥(六〇頁)そして回禄(五七頁)など、妖火をもって村里を灰燼にする火災の妖怪は、鮮山・章莪山などの山岳に棲んでいた。これにたいし、その火災を回避する火伏せの霊能をもつ鳥獣もまた、同じように、山陵に棲んでいた。名

図51…橐𩡧

岳・華山(陝西省)の一峰である小華山に棲息している赤い山鳥はそのひとつであった。

小華の山……鳥は赤鷩《せきへい》多し。もって火を禦ぐべし。(西山経次一経)

赤鷩は鷩雉《ち》ともいわれ、山鶏《どり》・雉の一種で、今日の錦鶏《きんけい》であろうとされている。鮮やかな赤い毛羽にちなんでつけられた呼称であろう。この山鳥を火災を禳う霊鳥とする土俗が後世に伝わり、唐の陳蔵器の『本草拾遺』その他の文献にも、この鳥を飼えば、火災に遭うことがないと誌されている。鶏の類が陽光を招来し、邪気を払禳する呪能をもつという信仰は、東アジアの各地に見られ、日本神話の天の岩戸の場面に登場する長鳴き鶏《どり》もその例である。太陽・火の象徴としての鶏は中世の中国王室の迎春儀礼にも登場する。元旦に鶏を宮殿に懸ける(『宋書』)のは、陽光を嫌う邪鬼・悪霊を太陽のシンボルである鶏によって追い払おうとする呪術であった。近年、正月の民間で、赤い鶏の絵を門に描いたり貼ったりしたのは、それが火伏せの呪符だからである(永尾龍造『支那の民俗』)。

小華山にみるような赤鷩は、嶓冢山《はちよう》(西山経次一経)や牡山《ぼ》(中山経次一経)などにも棲んでいることを『山海経』は誌している。小華山山麓の村々と同種の信仰・習俗がそれらの土地でも行なわれていたものと思われる。

## ◈陳倉山の霊鳥譚

火伏せの鳥は各地にあり、赤鷩《へい》はその赤い色彩のためにとくに珍重されたが、まっ赤な羽毛の山鳥ばかりが防火の鳥ではない。小華山西方の符禺《ふぐう》山地方では、それは山中の翡翠《かわせみ》に似た小鳥であり、丑陽山一帯（河南省南陽県?）では、鳥に類した山の鳥であった。

符禺の山……その鳥は鴖《びん》多し。その状は翠《すい》（かわせみ）のごとくにして赤き喙。もって火を禦ぐべし。（西山経次一経）

丑陽の山……鳥あり。その状は烏のごとくにして赤き足。名《な》づけて鴖鵌《きよ》という。もって火を禦ぐべし。（中山経次十一経）

また四川省内の崌《きよ》山地方では、人びとはふくろうに類した山の鳥を火災防止の呪物としていた。

崌山……鳥あり。状は鴞《きよう》のごとくにして赤き鳥・白き首。その名を竊脂《せつし》という。もって火を禦ぐべし。（中山経次九経）

これらの山の鳥が、なぜ、火伏せの呪物とされるようになったのだろうか。防火の鳥・赤鷩と同じように、鴟《びん》は喙が、駃騠は脚が、そして鷸脂は体がそれぞれ赤いという色彩の共通性はあるものの、あるいは赤鷩とは異なる由来がこれらの山鳥にはあったのかもしれない。

『辛氏三秦記』という書物（『芸文類聚』巻九一に引く）にも、概略つぎのような山鶏の霊異譚が載っている。

長安の西に当る太白の西方に陳倉山という山があり、その山上に石雞と山雞とが棲んでいた。秦の趙高が使者に命じて陳倉山を焼き払わせたところ、山雞は飛び去ったが、石雞のほうはそのまま燃える山中にとどまり、翌朝になっても、山頂で啼いており、その声は三十里のかなたまで響いた。

鴟・駃騠・鷸脂にも、この火を恐れぬ陳倉山の石雞の霊異譚に比較されるような、なんらかの伝説があり、そうした由来伝説が、それらの山の鳥を避火の霊鳥とする信仰と習俗を生み出したのではないかと考えられる。

### ◈雉に変身した童児

この石雞伝説を残す陳倉山には、同種の怪異譚として秦の文公の陳宝伝説があり、その内容はすでに紹介した（九四頁）が、この陳倉山の伝説には、さらに大略つぎのような異伝がある。

秦の穆《ぼく》公の時代、ある男が陳倉で地面を掘っていて、羊とも猪《ぶた》ともつかない得体の知れない動物を掘り当てた。男はそれを穆公に奉ろうとして、連れて行く道中で、ふたりの童子に出遇った。ところが、そのふたりは、

「それは媼《おう》という奴で、地下の死人の脳味噌を喰って生きているくせ者だ。それを殺すには柏の木で首を刺す以外に方法はない。」

と、意外なことをいって立ち去った。

すると今度は、その媼が、

「あのふたりは陳宝という物で、雄のほうを手に入れると、天下の王者になれるし、雌のほうなら覇《は》者になれよう。」

といった。そこで男は媼を棄てて、その童児のあとを追ったところ、その二童子はたちまち雉に姿を変え、平林のなかに飛んで逃げ去った。この話を聞いた穆公は、さっそく、その雉狩りを命令し、やっとのことで、雌のほうを捕えることができた。

ところが、その捕えた雌の雉が、今度は石に変身したのである。公は不気味なその石を汧《けん》水と渭《い》水の間の地に置いていたが、文公の時代になって、陳倉に祠《ほこら》を構えて祀らせた。

他方、取り逃した雄雉は南陽の方角へ飛んで行った。そこで、秦はその地《ち》を雉県と命名した。

さて、陳倉の祠を祀るときになると、その雉県の方角から、十数丈もの長い赤い光が飛来して、その陳倉の祠のなかに入った。そのとき、轟きわたる音はまるで雄雉の叫び声さ

ながらであった。

（『捜神記』巻八）

羊にして羊にあらず、豚にして豚でない媼も妖怪だが、同じように、童子や怪石に変身する陳宝の雉もまた怪物である。二童子の雉によって正体を見破られた媼は、逆にその童子らの正体を暴露した。それを捕獲した者は王になれるの、覇者になれるのなどといったのは、媼が身の危険を避けるためのトッサの戯《ざ》れ言だったのであろう。その雌雄の雉も、もともとは「内なる世界」に姿を現わして、災厄をまき散らしかねない妖怪なのである。それを秦の文公は手厚く祀った。おそらく、その祟りを恐れたがためであろう。しかし、祀ることによって、陳倉の雉はやがて陳宝と称されるような正の存在になったのである。

ちなみに雄雉が飛来するときに燦然と放つ長い赤い光は、陳宝の神霊がもともと火の怪物であったことを示唆する。なお、その昔、陳倉山麓一帯の村里で、その火の怪をあらわす二羽の赤い鶏を画き、その絵を戸口や村の入口に飾って、防火の呪《まじな》いとする習俗があったのではなかろうか。

## ◈防火の妖鳥

翠山地方にも避火・鎮火の呪能をもつと伝えられる鵸鳥という鳥がいた(図52)。

翠山……その鳥には鵸多し。その状は鵲のごとく、赤黒にして両首・四足。もって火を禦ぐ

べし。　（西山経次一経）

鸓は一説には⿰疊鳥《じょう》の誤字だといわれている（呉任臣・畢沅・郝懿行）。「⿰疊鳥」とはむささびの類の小動物（『説文』）をいうが、二首・四足の鳥獣が現実に存在するはずはない。ただし、「比翼の鳥」といううまさしく二首・四脚の瑞鳥が信仰上には実在するから、二頭・四足の奇形の⿰疊鳥も信仰と伝承のうえでは実在したのであろう（図53）。あるいは、すでに示した秦大鄭宮址出土の瓦当上の双獾文が二首・八足の図柄をもって表わされているように、この⿰疊鳥も雌雄二羽を並べて描き、その絵を門戸や村里の入口などに懸けて、火の怪の飛来を防ぐ火伏せのお呪《まじな》いにされていたのかもしれない。

図52…鸓

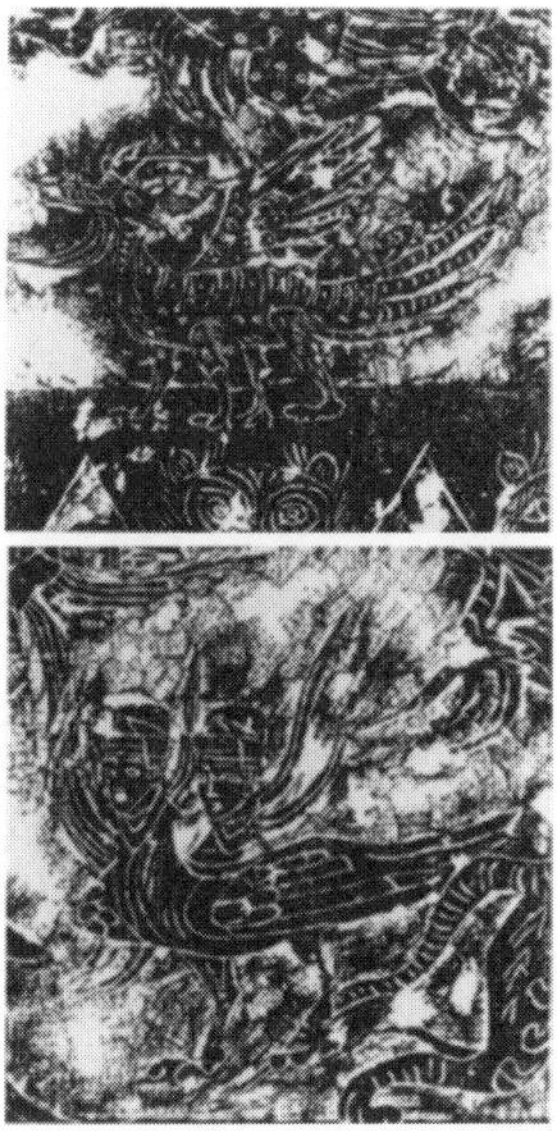

図53…四脚の鳥（上）と比翼の鳥（下）

### ◈悪鬼から善神へ

さきに『常陸国風土記』の夜刀《やと》の神と箭括《やはず》氏の麻多智の物語をあげた(一六二頁)。麻多智は、村里に近い山麓におりてきて禍いをする荒ぶる蛇身の神を山奥に追い払ったあと、「祟るでない」、「恨むでない」といって、山の麓に社を設け、角のあるその怪蛇を神として祭った。小松和彦は、日本における神観念のあり方、神と妖怪のちがいについて論及したなかで、この説話は祀るという営為が「神と妖怪とを区別するメルクマールになるのではないか」と説いている(『異人論』)。

「外なる世界」の超自然的存在は、祭祀の対象になる以前は「内なる世界」に敵意を抱き、祟りを働く負の存在であるが、祀られることによって、「内なる世界」の秩序と安寧を保持する正の存在に変移するというわけだ。この見解は、祝融や回禄が、妖怪から神へと移行するケースにおいてもあてはまるのである。祝融や回禄も、はじめは畢方鳥同様に、怪火をもたらして人びとを脅かす妖怪であった(五六~五九頁)。それが人びとの宥恕の祈願をうけて祀られるようになると、やがて鎮火の神・火伏せの神としての保護神的性格を強くしていったのである。

鄭の国の大火のさい、国人たちが回禄を祀ったのは、荒ぶるその火の怪にたいし、一刻も早い退去を鄭重に祈願したからで、これは回禄が負の妖怪から正の神へと移行する過程の一齣《こま》を表してもいよう。さらに想像をめぐらすならば、防火の怪神とされた鸓も、そしてあるいは、赤鷩《へい》・鴖《びん》・鵸䳜《きよ》・竊脂《せつし》など避火の鳥にも、回禄神にみられるような、忘れられた価値転換の歴史があったのかもしれない。

## ◈火伏せの怪物たち

防火の怪物は鳥の姿をとるものばかりではない。鮮山の夠即のような火の怪獣がいる（五九頁）反面、火災から人びとを守る獣形の怪神もいた。帯山に棲む頭上に一本の角を戴く馬形の䑏疏《かんそ》はそのひとつである（図54）。

帯山……獣あり、その状は馬のごとく、一角にして錯あり。その名を䑏疏という。もって火を辟《さ》くべし。（北山経次一経）

錯とは鱗甲だとも厝《そ》、つまり砥礪《といし》のことだともいわれている（郝懿行）。要するに、帯山のこの霊獣は表面がザラザラした角を頭上にもつ一角獣である。

この帯山の一角獣のほか、即公の山に棲む蛫《き》も火防せの怪物である。蛫は体は白く、首のみ

図54…䑏疏

図55…鰼鰼

赤い亀の形をした獣だという(中山経次十二経)。

他方、魚の姿の防火の怪物もいた。涿《たく》光山の囂《ごう》水にいる鰼鰼《しゅうしゅう》がそれである。この怪物は十枚の翼があり、しかも、鱗が羽の先端についているという不思議な魚である(図55)。ただし、この鰼鰼も、そして帯山の䑏疏や即公山の蛫も、なぜ火伏せの怪とされるようになったか、その由来は今ではまったく不明である

## ◈豊穣をもたらす怪物

「棄てる神あれば拾う神あり」の諺のように、山川には、敵意に満ちた負の怪物もおれば、正の妖怪・鬼神も棲んでいた。水害や旱魃、あるいは蝗害によって、せっかくの農作物を台無しにする妖怪・鬼神にたいし、豊穣をもたらす好ましい妖怪・鬼神も山川には棲んでいたのである。そのひとつ、当康という怪物が欽《きん》山に棲んでいた。

欽山……獣あり。その状は豚のごとくにして牙あり。その名を当康という。その鳴くや自ら叫ぶ。見《あらわ》るれば則ち天下大いに穣《みの》る。(東山経次四経)

この属性描写から推測すると、当康は山中の猪であるが、たんなる野生の豚とも思えない。「当康」という名はこの獣の擬声語らしい。「康」には穅《こう》(不作・凶作)とか虚(食無し)という意味もあ

るが、むしろここでは、安康の康を意味しているものと思われる。したがって、当康とは本年の実りは当に康かるべし、つまり、豊穣必須だとの意味になる。そうでなければ、あるいは康は穅・糠のことかもしれない。これらは現在ぬかの意味に使われ、内実のない穀物の薄い外皮をさすが、原義は硬い籾を意味したという（藤堂明保『漢字の語源研究』）。とすれば、当康はいちだんと豊作を約束する嘉語となる。人びとは「タンカン！　タンカン！」と叫ぶ欽山のその獣を、豊作をもたらす善獣、秋の実りを予告する瑞獣として、その出現を期待し、感謝したものと思われる。

いっぽう、玉山一帯の村里では、玉山を見あげながら、豊かな実りを保証してくれる狡という名の善獣の出現を待ち望んだ。

玉山……獣あり。その状は犬のごとくにして豹の文、その角は牛のごとし。その名を狡《こう》という。その音は吠犬のごとし。見《あらわ》るれば則ちその国大いに穣る。（西山経次三経）

### ◈瑞祥の怪鳥

山陵川沢には戦乱や苛酷な労役をよびこむ妖怪・鬼神がいて、人びとを不安と不幸に陥しいれたが、戦争も土功もない安寧な暮しを約束してくれる妖怪・鬼神も棲んでいた。丹穴山の鳳皇《ほうこう》がそれである（図56）。

丹穴の山……鳥あり。その状は雞のごとく五采にして文《あや》あり。名《なづ》けて鳳皇という。首の文は徳といい、翼の文は義といい、背の文は礼といい、膺《むね》の文は仁といい、腹の文は信という。この鳥や飲食自然にして、自ら歌い自ら舞う。見《あらわ》るれば則ち天下安寧なり。（南山経次三経）

このきわめてカラフルな山鳥の体の各部位の文様が、徳・義・仁・信の五義をシンボライズしているという徳目象徴説は、顧頡剛も批判したように、瑞応思想・五行思想が発達し、五帝五教説の発生した後世のこじつけである。おそらく、漢代学者の筆が加わっていよう（「五蔵山経試論」）。しかし、特定の奇獣異鳥の出現を歓迎するという発想はずいぶん古い時代からあったとみられる。すでにあげた当康や狡もその例だが、鳳皇もまたそのひとつである。『書経』（益稷）に「鳳皇来り儀す」とあり、『論語』（子罕）には「鳳皇至らず、……吾れ已《や》んぬる哉」という孔子の言葉すら見える。『詩経』（国風・大雅）にも、鳳皇とともに騶虞《すうぐ》・麒麟《きりん》という異形の動物の出現を瑞祥として、歓迎する思想が窺われる。

女牀《しょう》山の鸞《らん》鳥もまた丹穴山の鳳皇とよく似た瑞鳥であった。

女牀の山……鳥あり。その状は翟《てき》のごとくにして五采の文。名《なづ》けて鸞鳥という。見《あらわ》るれば則ち天下安寧なり。（西山経次二経）

鸞鳥は後世、鳳皇としばしば並び称され、『山海経』海外経以下の諸篇にも、瑞鳥として頻繁に登場している。これらを天下安泰の吉祥とする思想は、のちに政治イデオロギーと結びついて、聖王出現の予兆とする理念的な瑞応思想に発展する。瑞獣出現をめぐる瑞応思想の形成について、中尾万三はつぎのような趣旨を説いている。

天下が泰平で遠く離れた辺境との交通が安全に保証されるから、珍奇な鳥獣も中央に献上される。戦乱が絶えず、盗賊の横行する政情不安な社会では、そのようなことは困難なの

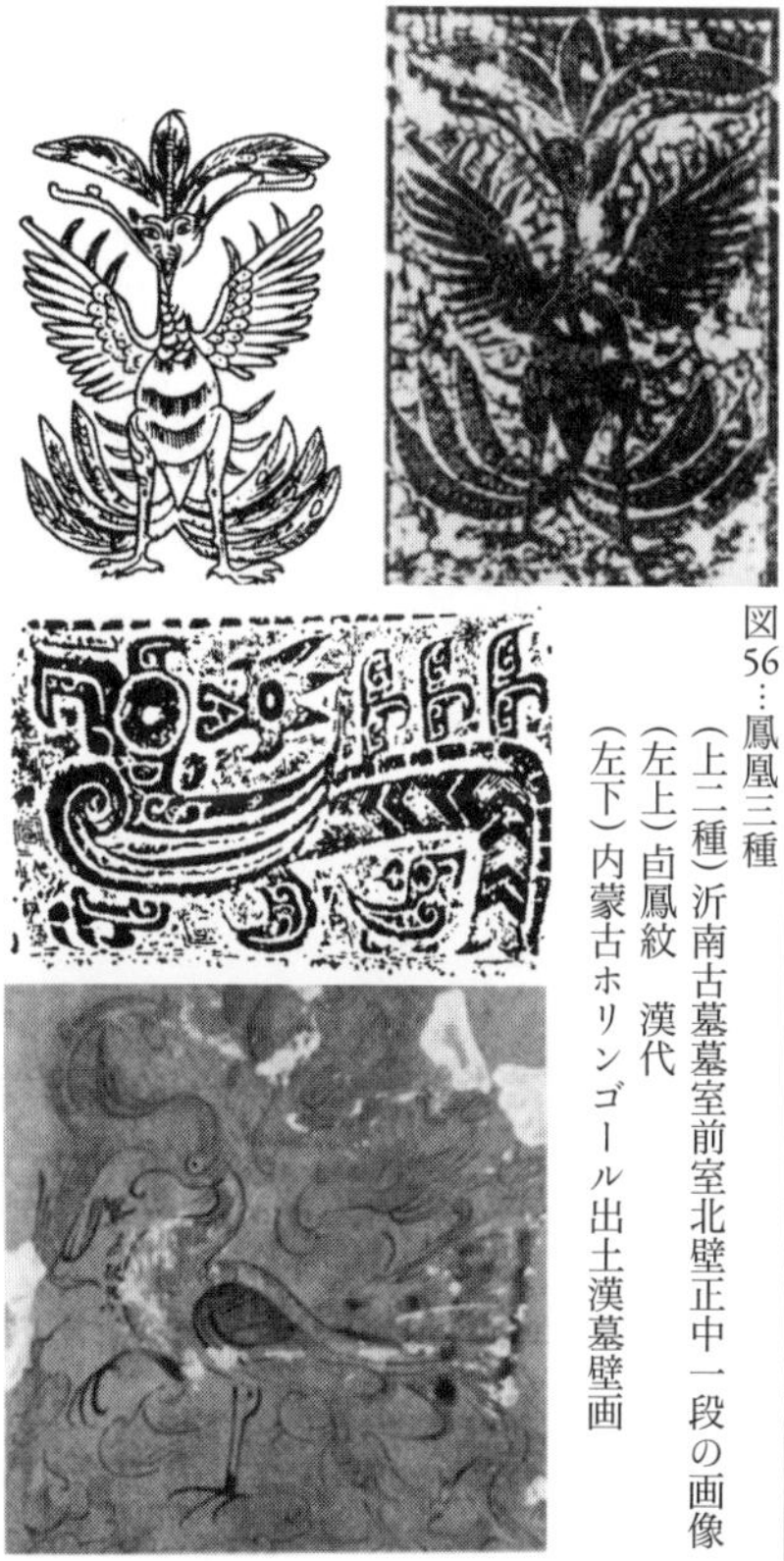

図56…鳳凰三種
(上二種)沂南古墓墓室前室北壁正中一段の画像
(左上)卣鳳紋　漢代
(左下)内蒙古ホリンゴール出土漢墓壁画

である。つまり珍しい鳳皇・鸞鳥のような鳥獣の出現が天下安泰の喜ばしい兆候なのではなく、両者の因果関係はその逆なのである。（「山海経を読む」（三））

中尾のこの因果倒置の解釈は、中国が世界の中心で、四周の未開の民は天子の徳によって教化されるという華夷思想とも関連している。たとえば、『逸周書』（王会）にある規規の国、西申の民、そして氐羌らが中国の天子を慕って、それぞれ麒麟・鳳皇、そして鸞鳥を貢物として、はるばる来朝したという記述についても、中尾の解釈が適用できる。それでは、なぜ、鳳凰や麒麟が瑞鳥・瑞獣とされ、瑞応思想を形成するにいたったのだろうか。以下、そのいきさつを考察してみたい。

天は必ず先ず祥を下民に見《あらわ》す。（『呂氏春秋』応同）

という。文明の萌芽は民衆生活を母胎とする。古代においては、国家レベルの政治理念は、おうおうにして庶民の信仰と思想とを背景にして形成される。鳳凰や鸞鳥が治者階級の瑞応思想に組みこまれて、虚飾に満ちた付属物に堕するはるか以前に、それらは民間において、好ましい怪物として、その出現が待望されていたのである。

## ◈妖怪としての四霊

鳳凰も、山陵川沢に棲むほかの妖怪・鬼神と本質的にはなんらちがいはない。同じく「外なる空間」におり、ときに「内なる世界」に出現して、正負のちがいはあるものの、同じように、その秩序とかかわりをもった。その怪異な形姿もまた、百物・怪神と変るところがない。鳳凰は鳳が雄、凰が雌の霊鳥だともいわれるが、いずれにしろ、きわめて複雑な属性の持ち主である。『説文』に、黄帝の臣・天老の説明として、鳳は麐《りん》前鹿《か》後（前身が雌の麒麟《きりん》で後身が鹿）、頸は蛇で尾は魚、竜のような文様があり、背は亀のようで、頷《おとがい》は燕、喙は雞のそれとそっくりであると誌されている。これは鳳凰の各部位の文様が五つの徳目を象徴するという説などとともに、少なからず後世の付託があろうが、こうした粉飾も、この山鳥が本来、異形の鳥とされ、複合的な存在であったからこそ可能だったわけで、まったく根拠なしに粉飾されたのではない。鳳凰の原形については、フェニックス説・孔雀説・山雉説など、いろいろな臆説がある（出石誠彦「鳳凰の由来について」・杜而未『鳳麟亀竜考釈』）が、もとのイメージがなんであれ、鳳凰の鳳凰たる所以《ゆえん》は非世俗的であり、鳥獣類の合成物で、妖怪的存在であることに変りはない。

むろん、赤色・五彩の雞の形（『説文』）をもち、鳳凰の仲間（『広雅』）である鸑鳥も、その点は変らない。そもそも、山陵川沢の妖怪・鬼神たちは共通して合成による異形の鳥獣なのであり、それが山川の怪の本質なのである。

戦国期から前漢時代にかけての時期に発生し、喧伝されてきた竜や麒麟などの四霊も、さまざまな動物の身体部位から合成された怪異な形姿をもつ、まさしく妖怪・鬼神の範疇に属す典型的な存在であった。

竜は馬首で蛇尾とされ、さらに鹿の角を備え、頭部は駝、項は蛇、鱗は魚、爪は鷹、掌は虎、そして耳は牛のそれなど、九似(九つの鳥獣虫魚に類似)の部分から成りたつとされる(『爾雅翼』)。もちろん、虚飾を尽した思弁化の結果、このような竜の姿が生れたのだが、そもそも、竜を竜たらしめるのは、その合成獣の姿にあったのである。

麟も麕《のろ》の身・牛の尾、そして一角を頭上に飾る怪異な合成獣である(図57)。

四霊のなかでは、実在する動物のイメージをそのまま伝えている亀ですら、頭と尾は蛇で、しかも、四足をもち、背に鱗甲類のような甲羅を備えているから、やはり、合成物的存在で、水中に棲む点では魚、陸上に居る本性は獣であって、鳥・獣・蟲・魚という古代の動物文類の規範をはるかに越える怪物である(図58)。しかも、ほかの四霊に負けない霊性を強調すべく、亀は蛇と複合して玄武に作りあげなければならなかった。四霊としての亀の本質もまた怪異さにあった。

### ◈怪物としての古聖人

中国古代の超自然的存在がもつ形態上の怪異性は、瑞祥とされたこれら四霊にとどまらない。神話伝説時代に存在したと伝えられる理想的聖天子も、またその例外ではなかった。伏羲《ふくぎ》・女媧《じょか》は人面にして蛇身(『史記』)、一説によれば、伏羲はそのうえに、牛首で虎の尾をさえつけていたというし(『列子』黄帝)(図59)。他方、神農氏も人身で牛首(『史記』三皇本紀)とされている。歴史の黎明期に登場するこれら聖王たちも、ひとりとしてまともな姿をもって登場していない。非俗的存在は超俗的な異状を呈しておらなければならなかったのである。妖怪・鬼神を定義づける理念は、古聖王にもそのまま投写しており、かれらも山川の妖怪と類型上きわめてよく似た存在であった。

　中国社会の創世記に活躍する蚩尤《しゆう》・女魃《じょばつ》・共工《きょうこう》・相柳《そうりゅう》らも、おそらく、もとの姿は合成動物によって表象された妖怪的存在であったのではないか。本来、神話伝説上の奇怪な存在であったかれらが、歴史のなかに組みこまれるに及んで、衣冠を着用したり(図60)、文物を創始したとされたりして、しだいに人間化していったのであろう。祝融などはそのよい例である。また、年のころ三十、背は高からず低からず、スラリとして気品高く、詩歌をたしなむ美女・西王母(『穆天子

(上)図57…麒麟　山東省武梁祠画像石
(下)図58…玄武　陝西省綏徳軍劉家溝漢墓石刻門框

図59…伏義・女媧
四川省崇慶県画像石

伝』他)も、もともとは山の怪物だった。『山海経』につぎのように誌している。

玉山、これ西王母の居る所なり。西王母はその状は人のごとくにして、豹の尾・虎の歯にして善く嘯《うそぶ》き、蓬髪にして勝《しょう》を戴く。これ天の厲および五残を司る。(西山経次三経)

玉山の女主人公らしく勝(かんざし)を戴いてはいるが、猛虎のような鋭い歯をむき、頭髪はざんばらで、乱れ放しというおどろおどろしい姿は、山陵川沢に棲む負の妖怪・鬼神となんら変らないどころか、むしろそれ以上に怪奇である。彼女はまさしく負の妖怪の典型であり代表なのだ。彼女は「内なる世界」に天厲、つまり、地震・洪水・旱魃から疫病などにいたる各種の災厄をもたらし(郭璞注)、五刑、すなわち、さまざまな刑罰を人びとにくだす凶の総元締的存在であった(図61)。

胡欽甫は、儒家たちが渇仰思慕した黄帝・堯・舜・禹なども、そのもとの姿は獣ではなかったかと疑っている(「従山海経的神話中所得到的古史観」)。個別的に検証してみる余地はあるが、おおいに妥当性のある推測である。伏羲、女媧がもっている蛇のような下半身は、妖怪として生存していた時代の、いってみれば「化石」なのである。

## ◈アバタもエクボ

話を『山海経』にもどす。丹穴山の鳳皇も女牀山の鸞鳥も、豊穣を運ぶ欽山の当康以下の諸禽獣も、山の怪・水の怪であり、「外なる世界」に棲む妖怪・鬼神の仲間である。それらがやがて歴史時代には善神・善物として、人びとを保護し、正の価値をもたらすものとして歓迎されるようになった。さらに祭祀の対象となるにつれて、グロテスクな怪異性は霊妙さの表象へと変貌し、それと同時に、人びとがそれまで抱いていた恐怖感はしだいに親炙感へと傾き、「痘痕《あばた》も靨《えくぼ》」の譬えのように、思慕渇仰の対象にと変っていった。漢代以降になると、人びとは人面蛇身の伏羲、女媧にさしたる異常感を抱かなくなるばかりか、「妖怪」的存在を三皇五帝の高位に据えて、むしろ、神聖なものとして、誉りにすらしてきたのであった。

鳳凰・竜・麒麟などもその点は同じである。とくに為政者階級のイデオロギーに組みこまれる

(上)図60…衣冠をつけた画首蛇　彭山後蜀墓
(下)図61…西王母　成都揚子山二号墓画像石
右上に九尾の狐、中央左に三足の鳥がみえる

ようになり、人口に親炙するにつれて、本来、かれらが備え持っていた怪異性のかどがすっかりとれて、異常性が眩《まぶ》しいばかりにリファインされ、高貴な存在の表象へと変化していったのである。いってみれば「亭主の好きな赤烏帽子」にすらなっていった。いっぽう、負の存在にとどまりつづけた妖怪・鬼神は、負の価値をもって「内なる世界」の秩序を攪乱し、人びとを不安に陥しいれるがゆえに、依然として、恐怖と憎悪の対象であり、超自然的存在の表象である怪異性は、相変らずグロテスクなイメージを保ちつづけたのである。

# IV

# 妖怪・鬼神たちの素顔

◈怪物としての山神

『山海経』山経の合計二十六をかぞえる各次篇の末尾に、各山岳の山神の容姿について記述されている。その事例を掲げる。

凡そ䧿《しやく》山の首(起点)、招揺の山より箕《き》尾《び》の山に至るまで凡《すべ》て十山、二千九百五十里、その神の状は皆鳥身にして龍首。(南山経次一経)

凡そ北次三経の首、太行の山よりもって無逢の山に至るまで、凡《すべ》て四十六山、万二千三百五十里。その神の状は皆馬身にして人面なるもの廿神。……その十四神の状は皆彘身にして玉を載く。……その十神の状は皆彘身にして八足、蛇尾。(北山経次三経)

凡そ済山(経)の首、煇《き》諸《しよ》の山より蔓《まん》渠《きよ》の山に至るまで凡《すべ》て九山。一万六百七十里。その神は皆人面にして鳥身。(中山経次二経)

山神もまた妖怪・鬼神と見まがうばかりの異常な姿をしていることがわかる。

山神が山に棲む怪神と同じような異様な姿をしている例は古代の日本にあった。『古事記』の語るところによると、膽吹《いぶき》山の神は、聖域を侵すヤマトタケルノミコトの前に、白い猪の姿をとって出現して、ミコトを悩ませたという。『日本書紀』によれば、膽吹の山神はそのとき、猪ではなく、大蛇に化して現われたという。ミコトはその蛇を、膽吹の山神ではなく、その属神であろうと早合点し、山の主神を殺害しさえすれば、属神など物の数ではないといって、大蛇を無視して山奥へ進んでいった。そのとき、猪、または大蛇姿の膽吹山の主神は雲をおこし、氷雨《ひさめ》を降らせてミコトを苦しめた。峰々は霧が立ちこめ、谷は暗くなり、ミコトはそのため、山中をさ迷いつづけた。そして、この時の疲労がミコトの命とりとなったと伝えている。

## ◈山神の両義性

山神が、山中や川沢に棲んでいる妖怪や鬼神たちと同じような怪異な姿をしているのは、けっして偶然ではない。山岳こそは非俗的な「外なる世界」の中心であり、象徴でもあって、人びとに「外なる世界」のなかでももっとも宗教的畏怖感《ヌミノーゼ》を抱かせたのは、天空高く聳えるその山岳であった。高い峰を天界へのタラップとする天梯思想や、死霊の赴くところとする山上他界観念は、中国古代にもひろく認められる。それも山岳が先験的にもっている神秘性・宗教性と分ち難く結びついているのである。

池田弥三郎は、師・折口信夫の常世論に触れてつぎのように説いている。

常世は神の国であって、畏怖の念がまじわり、幸福を持ち来すところであるとともに、禍いの本つ国でもあった。

（『折口信夫――まれびと論』）

「常世」も超自然的存在の棲む「外なる世界」と変りはない。異空間としての山陵川沢、とりわけ、その典型である山岳も常世と同じで、幸《さち》の源泉であるとともに、災禍の本つ国でもあった。つまり、「外なる世界」は聖なる空間であって、その本質は両義性にあり、「外なる世界」に棲む山神の本質もまた正負二様を兼有するその二義性にあった。

尸胡《しこ》の山より無皋《むこう》の山に至るまで凡《すべ》て九山、……その神の状は皆人身にして羊角あり……。この神見《あらわ》るれば則ち風雨あり。水、敗を為す。

（東山経次三経）

荒神がひとたび現れると、風雨が荒れすさび、大洪水がおこるのであった。
だが、その荒神の棲む山は雲をわきおこして慈雨をもたらし、耕地を潤おす河川の源であるほか、各種の有用な財物を豊富に内蔵している恵みの源泉でもあった。
山神のもつこの両義性は、すでに列挙してきたように、その領域に棲む正負・善悪二様の価値をもって出現する百物・怪神たちにも見られるのである。

### ◈山神と百物・怪神

山神とその周辺に巣喰っている妖怪・鬼神との関係は、鍾山の神々の関係のなかに認められる。鍾山の山神は、顔は人間で体は羊だとされる。この山には、さきに紹介したように(四八頁)、鴟に似た鵕鳥と呼ばれる旱魃の怪が棲んでいて、鍾山の神の子神であると伝えられる。この鍾山の山神と鵕鳥の関係がはたして真の親子かどうかは疑わしい。さきにのべたように、鵕鳥の前身とされる鼓は人面・竜身(一説に赤羽・人面・馬身)であって、鳥形であれ、竜(馬)身であれ、羊身である鍾山の神の子としてはふさわしい姿ではないからだ。親子というのは伝説上のことであって、おそらく、主神と従属神との関係とみるべきであろう。

騰吹山の神々にもみとめられた主神と従属神との関係を知るうえで、きわめて示唆に富む伝承がある。それは秦の始皇帝をめぐる説話である。

始皇帝が東海地方を巡幸したおり、不死の仙薬を蔵する蓬萊島の存在を耳にした。彼はその仙薬を入手しようと企て、ある夜、海神と戦う夢をみた。その海神は人間に似た姿をしていた。

それを夢占いの博士に訊ねると、博士は、

「水神は見るべからず。大魚・鮫《こう》竜をもって候と為す。今上の禱祠備わり、謹みてこの悪神あり。当に除去すれば善神致すべし」

と答えた。

（『史記』秦始皇本紀）

これは山中ではなく、海上での出来事ではあるが、その海上が神の神聖なる領域であり、人間がそこを侵したために、神が怒り、拒もうとしている点では、陸上の山沢の場合とまったく同じである。海神は始皇帝の強引な侵犯にたいして、巨大な魚や鮫竜をもって反撃した。祟りは神自身ではなく、属神や眷族の悪神・悪物が代わって行なったのである。博士の進言どおりに、もし、始皇帝が海神を鄭重に祭祀すれば、神は咎めの矛先を収めて、代りに善神・善物を遣わしてくれたのだが、始皇はおのれの権勢を過信してか、悪神・悪物の退治に着手した。すると、大魚が現われ、始皇みずからこれに弓を射た。始皇帝はまもなく重い病気に侵され、旅の途中で死んだのである。神聖な領域を力で侵そうとしたことにたいする神の咎だと、当時の人びとはしきりにうわさしたにちがいない。

## ◈『山海経』と村落共同体

村落共同体の外にひろがる「危険な世界」には、さまざまな百物・怪神が充満していたものの、各種の有用な財物が内蔵されており、人びとを魅惑した。そのため、人びとは危険を承知で、妖怪・鬼神の領域を侵さないわけにはいかなかった。そのためにも、いっそう、百物・怪神に強い関心を寄せなければならなかったし、怪力乱神を口にし、神々にたいする祭祀や呪術について語り合わなければならなかったのである。

『墨子』(明鬼下)は、大要つぎのように主張する。

古の聖王は皆鬼神崇拝を第一義として治政にたずさわってきたこと、そしてその事実を後世にも伝えるため、竹帛や銅器などに記録して残した云々。

そして『墨子』は無鬼論、つまり、妖怪や鬼神の実在を無視、ないし否定する立場をとるものにたいしては、こう批判する。

則ち此れ聖王の務めに反す。聖王の務めに反すれば則ち君子たる所以の道に非ざるなり。

鬼神信仰は為政者の心がけるべき治政上の肝要事だというのである。『墨子』はさらにこう力説する。

古の聖王は皆鬼神をもって神明にして禍福を為すと為し、祥・不祥あるを執れり。ここを

もって政治《まつりごと》まり、国安きなり。（公孟）

大昔のすぐれた支配者は、霊験あらたかなる鬼神が人間の行動のいかんによって、災厄や恵みをくだし、祥と凶とをもたらすと信じる立場をとった。そのため、国家社会は安寧であったというのである。『墨子』のいう鬼神は精霊や死霊を含んでいて、必ずしも、山川の鬼神だけをさしてはいない。しかし、山陵川沢に棲む妖怪・鬼神が中心的存在であったことは、その明鬼篇等の諸篇によって明らかである。また、その主張は、表向きは為政者の立場に立っての論議ではあるが、その内実はまた、為政者レベルよりも、むしろ、民衆レベルの信仰をよく伝えてもいるのである。

## ◈善物・悪物を弁別する書

「内なる世界」の外側にひろがる「外なる世界」には、上述のように、人畜を襲って災害を加える猛禽野獣や毒蛇、さらに悪鬼・妖怪がいたが、同時に、そこには正の価値のある財物や善神も内蔵されていた。

つまり、「外なる世界」には、正と負、敵と味方が混在していたのである。したがって、山川の怪が「内なる世界」にあらわれたとき、あるいはまた、人びとが「外なる世界」に足を踏みいれたときに遭遇する怪物は、人間に敵意をもつ負の妖怪・鬼神ばかりではなく、ときには、好意をよせる正の怪異もいた。したがって、出現した怪異が正負・善悪いずれの怪物であるのか、その正体を見きわめ、識別する必要があった。そのため、山川の百物について、あらかじめ深い知識を備えていることは、「内なる世界」の安寧を期するうえに不可欠であった。少なくとも、そういう物識りがかつて村落共同体のなかにおり、祭祀・儀礼などにたずさわっていたことは、すでに触れたとおりである(一六三頁)。

周の大夫・王孫満が鼎のうえの怪物像について、

……鼎を鋳て物を象る。百物にしてこれが備えを為し、民をして神姦を知らしむ……

と述べたことはすでに触れた(九七頁)。これは青銅器上に物の図像を鋳ることで、遭遇したその物が悪神・悪物であるか、それとも善神・善物であるかを識別する知識を与えたという趣旨であった。ともかく、前にも指摘したように、この王孫満の発言はきわめて示唆に富む。百物の識別にさいして、文字を解さない民衆を相手にした場合は、もちろんのことだが、一般に、文章より図像の形で明示したほうが、具体的で、一目瞭然に理解しやすい。そう考えれば、『山海経』に先んじて図があったという一部のいい伝えは理にかなっている。

しかし、絵図によって妖怪・鬼神のイメージをよりはっきりと伝えられるとしても、たとえば、その鳴き声やその呼び名、あるいは「内なる世界」に及ぼす所業など、きわめて重要な事項は図像化しにくい。

はじめ、口頭によって伝承されていたと考えられる百物に関する知識が、図像によって伝授されていたとしても、それはやがて、文字による供示の形態へと発展していったと考えられる。文章はイメージによる表示ではなしがたい描写が可能であったからである。その百物に関する解説文がどのようなものであったかを具体的にすることはできない。だが、おそらく、それは『山海経』山経のような存在と無縁ではなかったと思われる。

前漢の劉歆《りゅうきん》は『山海経』の校定をしたあと、時の天子・哀帝に上表文を奉った。そのなかでこうのべている。

禹は九州を別ち（天下を九つの地区に分け）、土に任じて貢を作る（それぞれの土地に応じて政府にたいする貢納物を定めた）。しかして益らは物の善悪を類し（善物・善神と悪物・悪神とを分類し）、山海経を著わす。皆聖賢の遺事（聖賢の残された事跡）、古文の著明なるもの（古代の文書に明らかなこと）なり。その事質明（明白）にして信あり（信憑性がある）。

『山海経』が禹およびその賢臣の益らの著作かどうかは別問題として、この書物は、各地の聖賢、つまり、物識りたちの語り伝えた山川の妖怪・鬼神に関する知識を集大成したものであったことがわかる。

## ◈「怪力乱神を語らず」の真意

孔子は「怪力乱神を語らず」といった。この言葉は、むしろ逆説として理解すべき言葉であろう。彼がこの方面でもすぐれた「物識り」であり、問われて、一再ならず怪力乱神に言及したことは、すでに指摘したとおりである（九一～九四頁）。

それればかりではない。上述のように、孔子は、

鳳鳥至らず、……吾れ已《や》んぬる哉。（子罕）

と嘆息したり（二〇六頁）、

麒麟、其の郊に至らず。（『孔子家語』困誓）

とのべたりして、善なる怪物である鳳凰・麒麟のことをたびたび口にしたことも、周知のとおりである。

孔子が鬼神の存在を全面的に否定したり、無視したのでないことは、彼が、

鬼神を敬して之れに遠ざかる。（雍也）

其の鬼(その人の祀るべき宗廟社稷や領内の山川の鬼神など)に非らずして之れを祭るは諂《へつら》うなり。(為政)

とのべている点からも理解できる。つまり、孔子が「怪力乱神を語らず」といったのは、当時の社会があまりに怪力乱神を語りすぎていたことにたいする批判と考えるべきであろう。朱子が孔子の言葉を「鬼神は造化の跡、正しからざるに非ずと雖も、然れども、理を窮むるの至りに非ざれば、未だ明かにし易からざるものあり。故に軽《かろがろ》しくはもって人に語らざるなり」(朱子集注)と敷衍したのも、そう考えたからであろう。

こうも考えられる。孔子は鳳凰や麒麟の出現を渇仰していたから、彼が語らずといった「怪力乱神」とは、負の怪をさしていたのかもしれない。もし、そうなら、小川琢治の指摘はそのまま孔子の鬼神観にたいしてもあてはまるかもしれない。小川はつぎのようにいっている。

蛇身人首の伏羲・女媧や牛頭人身の神農らを聖王とするほか、蚩尤などの異形の鬼神を正史で論じながら、他方で『山海経』の中の怪力乱神を退けるのは不可解だ。(『支那歴史地理研究』)

昔から『山海経』は怪力乱神を誌した書物だといわれてきた。この見方は条件によって否定もされるし、肯定もできる。「怪力乱神」を人間社会に不祥、つまり、咎や祟りを働く悪物・悪神のことだとするならば、その見解は容認できない。「怪力乱神」とは悪物・悪神ばかりではなく、

「内なる世界」の人びとに幸福と恵みとをもたらす異形の善神・善物や山神たちをも含むならば、『山神経』の山経はまさしく「怪力乱神の書物」であるといえる。

孔子があえて「怪力乱神を語らず」と強調しなければならなかったような社会、すなわち、怪力乱神が人間社会にいまだ重要なかかわりをもち、鬼神信仰が盛んであった時代の需要に応じて『山海経』が生れたのであった。したがって、『山海経』山経はまさにそのような社会を写しだしているといえるのである。

### ◈その後の妖怪・鬼神たち

最後に、山沢の妖怪・鬼神のその後について簡単に触れて筆をおくことにする。

殷周時代は大小の族長たち(春秋初期までは公とよばれたいわゆる諸侯たち)が自己の邑の周辺にある群小の邑を従属させながら、他方では、族長の支配するそれら大小の邑制国家が殷・周の王室に服従する政治的社会的構造からなりたっていた。

当時は、山林藪沢の管理権はすでに族長たちが握りつつあった。しかし、それは主要な山川に限られていたのであって、すべての山沢がそうであったとは考えられない。また、族長の権力のもとにあった山沢も、虞《ぐ》などと呼ばれた属官により管理され、季節的な規制をうけていたとしても、そこは一般に開放的であって、邑里の人びとにとって、生活物資、つまり「内なる世界」を充足する財用の供給地としての意味をもっていた(好並隆司「中国古代山沢論の再検討」・重近啓樹「中国古代の山川藪沢」)。

山林藪沢の利、民と与《とも》に共(供)する所以なり。

(『春秋穀梁伝』荘公二十八年、同成公十八年の条)

林麓川沢、時をもって入りて禁ぜず。

(『礼記』王制)

などという記事はその事実を伝えている。

しかし、族長層の権力強化のため、経済的基盤として山沢の財物が重視されてくるにつれて、彼らによる家産(私有財産)化と、公田拡張のための開墾が行なわれ、山沢の独占的な「囲い込み」が進められていった。山沢がいわゆる領域国家形成の重要な財政基盤となっていったのである。これに伴って、邑里の人びとの山沢の利用はしだいにきびしい制約をうけ、やがては排除されるようになった。

公権によるこのような「囲い込み」は、山沢侵犯が頻繁に行なわれて恒常化し、その規模も急激に大きくなった。当然、それは山川の鬼神の怒りを招き、また、民衆の不満を買ったのであろう。こうした情景は、斉の景公の病気の原因をめぐる『晏子春秋』のつぎの文に認めることができる。

嬰(晏子)之を聞けり。古は先君の福を干《もと》むるや、政は必ず民に合し、行は必ず神に順う。宮室を節して敢て大ならず(大規模な宮殿を構築しない)。斬伐して山川に逼《せま》るなく(山林や川沢に踏み入って林木などの資材を濫獲しない)、飲食を節して多く畋《りょう》漁するなし(贅沢な飲食のために、むやみに山川に入って狩りや漁をしない)。祝宗、事を用い(祭祀を行ない)、罪を辞して敢えて求むる所あらざるなり。是をもって神・民ともに順にして、山川、禄を納む。今、君の政は民に反し、行は神に悖《もと》る。大いなる宮室多くして、斬伐もって山林に逼り、飲食を羨する所多くして、畋漁もって山沢に逼る。是をもって民・神共に怨む。(同上第二)

民は山沢の財用を支配者に独占され、鬼神はその棲み処を失って、彼らを怨むというのである。そして、その怨《えん》(悪《お》)は咎祟となって、直接、支配者自身に、あるいはその国家社会にたいする制裁となってあらわれた。

戦国期に入り、山沢の開発はいっそうはげしくなった。それは支配者層の奢侈のためばかりではなく、富国強兵の時代の趨勢のなかで、必須の施策でもあった。その間、しばしば、水旱蝗兵、疫病、その他さまざまな災害不幸が発生した。それは、自然界の秩序・生態系を無視した大規模な濫開発の結果、思いもかけない自然災害に見舞われる現代のそれと通じるものであったのかもしれない。しかし、当時の人びとは、それを聖なる空間を侵犯した結果の、鬼神の制裁と理解したのであろう。

山林藪沢の急激な開発と山沢の妖怪・鬼神のくだす殃咎の顕在化のなかで、その矛盾解消のため、従来、村落共同体で巫祝などの聖職者を中心にして営んできた各地の山沢の鬼神の祭祀を包括・拡大して、国家による山川祭祀の組織体系化が進められた。他方、これに伴って、山沢の妖怪・鬼神にたいする観念もいちだんと変化していった。前者は国家的な祝官による山川祭祀の発達であり、後者は両義的鬼神の善・悪両様へのいっそうの極分化である。

山沢の妖怪・鬼神のなかには、祝官による整序化された祭祀の対象となって、国家的守護神に変容するものや、村落共同体の歳時的行事などに組みこまれて、人格神的性格をつよめ、信仰の対象になる怪神もあった。

しかし、反面、山沢の多くの怪神たちは、知識人たるものが軽々しくは口にすることをはばかる「怪力乱神」とされ、賤業に堕した民間巫覡《ふげき》の斎《いっ》く淫神・邪神とされるようになり、あるいは、零落して、ひたすら人びとを嚇《おど》すだけの、おどろおどろしい「妖怪変化《へんげ》」として、その後も長らく巷間に生きつづけたのである。

# 図版目次と出典

図1…狍鴞（『山海経校注』、一九八〇年、上海古籍出版社、以下『校注』と略す）
図2…蠪蛭（同右）
図3…九尾の狐（山東文物出版社編『山東文物選集』、一九五九年、文物出版社）
図4…那須野の殺生石
図5…獓㺐（『校注』）
図6…諸懐（同右）
図7…土螻（同右）
図8…呑口（『文物参考資料』、一九五六年第六期、文物出版社）
図9…蜚（『校注』）
図10…跂踵（同右）
図11…計蒙（同右）
図12…化蛇（同右）
図13…吐舌（饒宗頤「長沙楚墓時占神物図巻考釈」『東方文化』第一巻第一期、一九五四年、香港大学）
図14…巫支祁（黄芝崗『中国的水神』、一九三四年、香港龍門書店）
図15…鯈鱅（『校注』）
図16…獙獙（同右）

図17…華山（党軍著、中国歴史地理小叢書『西岳華山』、一九八二年、中華書局より）
図18…作冊大方鼎の図像（『善斎彜器図録』、一九三六年、考古社）
図19…青銅器の図文（于省吾編著『商周金文録遺』一九五七年、科学出版社）
図20…甲骨文字の図像（同右）
図21…甲骨文字の図像（羅振玉輯『殷虚書契』、一九一一年）
図22…湯王の宮殿址（中国社会科学院考古研究所河南第二工作隊「一九八三年秋季河南偃師商城発掘簡報」（『考古』一九八四年第一〇期）図版壱「河南偃師商城x2城門」）
図23…畢方（『校注』）
図24…酸与（同右）
図25…鳧徯（同右）
図26…蚩尤像三種、①（清・馮雲鵬・馮雲鵷編撰『金石索』（台北：徳志出版社、一九六三年、以下『石索』と略す）、②（南京博物院他編『沂南古画像石墓発掘報告』、一九五六年、文化部文物管理局、以下『沂南』と略す）、③（同上）
図27…沂南古墓墓室画像（『沂南』）
図28…鼓（『校注』）
図29…猾褱（同右）
図30…殷銅鼎の夔紋（河北省博物館編『河北省出土文物選集』、一九八〇年、文物出版社）
図31…青銅器上のさまざまな怪獣紋（上海博物館編『商周青銅器紋飾』、一九八四年、文物出版社）
図32…山海経的世界の図（郭寶鈞『山彪鎮与琉璃閣』中国科学院考古研究所編輯、一九五九年、科学出版社）
図33…湘君・湘夫人（上海博物館蔵、元、張渥「九歌図」より）

図34…大儺の鬼（『北京大觀』、一九一九年、北京写真通信社）
図35…入山符（『抱朴子』巻十七登渉　付符図・老君入山符）
図36…賓満（『沂南』）
図37…晳（郭璞『爾雅音図』（一九八五年、中国書店、光緒十年上海同文書局本影印）
図38…海南島俘人の服薬
図39…鶬鴰（『沂南』）
図40…旋亀（『校注』）
図41…赤鱬（同右）
図42…鯥（同右）
図43…能と貢（『爾雅音図』）
図44…羬羊（『校注』）
図45…芣苢（岡元鳳撰『毛詩品物図攷』）
図46…鹿蜀（『校注』）
図47…杜衡（李時珍『本草綱目』）
図48…双獾紋草瓦当（陝西省博物館『秦漢瓦当』、一九六四年、文物出版社）
図49…天狗（『校注』）
図50…風神と雷神（江蘇省文物管理委員会『江蘇徐州漢画像石』、一九五九年、科学出版社）
図51…橐𩇯（『校注』）
図52…鸓（同右）
図53…四脚の鳥と比翼の鳥（『沂南』）

図54…朧疏（『校注』）
図55…鰼鰼（同右）
図56…鳳凰三種、①（『沂南』）、②（上海博物館蔵）、③（内蒙古自治区博物館文物工作隊編『和林格爾漢墓壁画』、一九七八年、文物出版社）
図57…麒麟（『石索』）
図58…玄武（陝西省博物館等編『陝北東漢画像石刻選集』、一九五九年、文物出版社）
図59…伏義・女媧（劉志遠編『四川省博物館研究図録』、一九五八年、中国古典芸術出版社）
図60…衣冠をつけた両首蛇（『考古通訊』、一九五八年第五期）
図61…西王母（重慶市博物館『重慶市博物館蔵四川漢画像磚選集』、一九五七年、文物出版社）

## Ⅲ参考文献


天野元之助「中国古代農業の展開」(京都大学人文科学研究所『東方学報　京都』第三十冊)
石田英一郎「新版河童駒引考」(『石田英一郎全集5』筑摩書房　一九七〇年)
「桑原考」(日本民族学協会『民族学研究』十二巻一・二号)
出石　誠彦「鳳凰の由来について」(『支那伝説の研究』中央公論社　一九四三年)
伊藤　清司「古代中国の仮装と祭儀」(三田史学会『史学』三十巻一号)
「山川の神々―『山海経』の研究―㈠〜㈢」(『史学』四一巻四号・四三巻一・二号)
「古代中国の民間医療―『山海経』の研究―㈠〜㈢」(『史学』四二巻四号・四十三巻三・四号)
「中国古代の懐妊呪術その他」(泰山文物社『中国学誌』第七本　一九七三年)
「古代中国の馬の調良呪術」(古代学協会『古代文化』二四巻四号　一九七二年)
「『山海経』と玉」(中国古代史研究会『中国古代史研究』第五　雄山閣　一九八二年)
『日本神話と中国神話』学生社　一九七九年
『中国民話の旅から――雲貴高原の農耕儀礼』(NHKブックス)日本放送出版協会　一九八五年
袁　珂『中国神話伝説詞典』上海辞書出版社　一九八五年
小川　琢治『支那歴史研究』・『同続集』弘文堂書房　一九二八・九年
岡本　正「湘君湘夫人伝説について」(中国古代史研究会『中国古代の社会と文化』東大出版会　一九五七年)
熊谷　治「蚩尤考」(広島史学会『史学研究三十周年記念論叢』一九六〇年)
厳　一萍「中国医学之起源考略」(『大陸雑誌』二巻八期　一九五一年)
小林太市朗『漢唐古俗と明器土偶』一条書房　一九四七年
小松　和彦『神々の精神史』北斗出版社　一九八五年

『異人論——民俗社会の心性』青土社　一九八五年
胡　欽甫「従山海経的神話中所得到的古史観」（『中国文学季刊』一）
顧　頡剛「五藏山経試論」（北京大学潜社『史学論叢』一）
澤田　瑞穂「避瘧考」（『中国の呪法』平河出版社　一九八四年）
重近　啓樹「中国古代の山川藪沢」（駿台史学会『駿台史学』三八号）
杜　而未『鳳麟亀竜考釈』台湾商務印書館　人人文庫　一九六六年
中尾　万三「山海経を読む」㈠～㈧（東京春陽堂『本草』十一号～二十号　一九三三～四年）
永尾　龍造『支那民俗志』一巻　国書刊行会　一九七三年
『支那の民俗』磯部甲陽堂　一九二七年
中野美代子『中国の妖怪』（岩波新書）岩波書店　一九八三年
林　巳奈夫「殷周時代の遺物に表わされた鬼神」（日本考古学協会『考古学雑誌』四六巻二号）
「漢代の鬼神の世界」（『東方学報　京都』　第四六冊）
「殷周青銅器の図象記号」（『東方学報　京都』第三九冊）
丸山　敏秋「中国古代における呪術と医術」（『宗教研究』五五巻二号　一九八一年）
水上　静夫『中国古代の植物学の研究』角川書店　一九七七年
宮下　三郎「中国古代の疾病観と療法」（『東方学報　京都』第三十冊）
森　鹿三「瘻雑考」（森博士定年退官記念事業会『東洋学研究歴史地理篇』同朋社　一九七〇年）
柳田　国男「山の人生」（『定本柳田国男集』四巻　筑摩書房　一九六三年）
「妖怪談義」（『定本柳田国男集』四巻）
好並　隆司「中国古代山沢論の再検討」（『中国水利史論集』国書刊行会　一九八一年）

# あとがき

現存の『山海経』は歴史的に形成された重層的な内容をもった作品である。つまり、この書は一時期の作、一人の筆になったものでもなく、また一貫した体裁によって編録された書物でもない。それは異なる時代の、異なる社会的背景をもち、さらに異なる思想系列に属する人々によって著録され、編述されてできあがった可能性さえも考えられる。いってみれば、いくつものちがった時代の文化層を含んでいる重層的な遺跡のような存在である。

『山海経』の成立に関しては、それまでいくつかの仮説が提示されている。それらの説は「原山海経」ともいうべき存在が現行本の前半の山経五篇に該当するものとする見解と、これとは反対に、後半の海経（海外四経・海内四経・大荒四経・海内経）にあたる部分とする説（ただし後者はさらに若干の説に分れる）の二つに大別される。これらのいずれの仮説が妥当であるかは、今後の研究に俟つほかないが、各経の成立の次序・編録の時間的前後関係がどのようなものであったにしろ、『山海経』

に描かれている世界の基底部に、中国の先秦時代における民俗社会が横たわっていることは確かである。

ただし、問題はそのような各地の民俗生活が誰人によって、何の目的で記録されたかであり、そしてそれらが、なぜ、全国的レベルで体系化されたかであろう。そこに民衆生活を越えた高い次元の存在が想定されるのである。それではそのような存在がどのようなものであったのか、それが国家的存在か、それとも特定の思想の持ち主、ないし職能者集団的な存在か。この点についても今後の検討に譲るが、仮りに後者であったにしても、かれらの『山海経』との関わりもまた一時期に限定されるものではなく、相当長期に亘るものであり、そこに思想的な発展が投影されているものと想定される。つまり、『山海経』は歴史的発展的に把握することなしにはその本質は明らかにできないのである。

いずれにしろ、怪力乱神の書とされて、ややもすれば疎んじられてきたこの書は、先秦時代の民衆生活を知るうえに、欠かすことのできない稀有の資料である。この小冊は、この書を中心にして、もっぱら、そのような民俗社会の再構成を試みたものであり、私の『山海経』研究の一齣をなすものである。

小冊が出版されるようになったそもそものはじまりは、同学の可児弘明慶大教授の東方書店へのご紹介によるものである。小冊は最初、同書店の「東方選書」の一冊として刊行される予定であったが、諸種の事情でこのような形で出版されることとなった。この間、同書店の諸氏、とりわけ出版部の馬場公彦氏にはたいへんなご面倒をおかけした。同氏には原稿の全面的な推敲から個々の資料の出典の検証に至るまで、労を惜しまないお世話を賜った。可児教授とともに厚くお礼を申しあげる。なお、索引の作成は慶大大学院博士課程に在籍し、中国古代神話を研究中の森雅子さんを煩わした。(補注) 多忙中に拘らず快諾され、しかも短時日で仕事を仕遂げていただいたことはまことに感謝に堪えない。

一九八六年六月五日　伊藤清司

補注　本増補改訂版では、索引の項目等は変更せず、誤植の訂正と頁表示の改訂のみ、森和が担当した。

## ら行



## わ行

## ま行



## や行

## た行



## な行



## は行

## さ行

# 事項索引

## あ行



## か行

## た行



## な行



## は行



## ま行



## や行



## ら行

## ま行



## や行



## ら行



# 書名索引

## あ行



## か行



## さ行

## た行



## な行



## は行

# 人名索引

## あ行



## か行



## さ行

# 補論

# V

補論1

# 『山海経』と、その周縁に位置する出土簡帛

森和

## はじめに

『山海経』は山経五篇と海経十三篇（海外四経・海内四経・大荒四経・海内経）からなる伝世文献で、全体の七割弱を占める山経には当時の中国世界の中の、人びとの暮らす生活領域「内なる世界」の外である山岳丘陵・叢林や川沢のひろがる空間「外なる世界」に関する多様な情報が記載されている。本書は、このような地理書的あるいは博物誌的な性質をもつ『山海経』が荒唐無稽の書として蔑視され疎外されてきた原因を、山岳や川沢に巣喰い「内なる世界」に強烈なインパクトをもたらす超自然的存在のことを記録しているためと看破した上で、古代中国における「外なる世界」と超自然的存在、すなわち本書のタイトルに言う「神獣・悪鬼たち」、またそれらと「内なる世界」の人々との交流を実に活き活きと描き出している。これらの神獣・悪鬼たちに対して、前

漢中頃の司馬遷が「故に九州の山川を言うものは、『尚書』、之に近し。『禹本紀』・『山海経』の有する所の怪物に至りては、余は敢えて之を言わざるなり」(『史記』大宛列伝論賛)と述べたように、否定ないし無視するのが伝統的な中国の知識人の基本的スタンスであった。確かに『山海経』を校訂し、『今文尚書』禹貢篇の闕を補うものとして位置づけた前漢末の劉歆や、『山海経』に現存最古の注釈を施し、「天下の至通に非ざれば、与に『山海』の義を言い難し。嗚呼、達観博物の客は其れ鑑よや」(注『山海経』序)と述べた晋代の郭璞のように肯定的な見解もごく僅かにあるにはある。しかし、それらも『山海経』の博物誌的情報の有用性を認めるものに過ぎず、その神獣・悪鬼たちにどれほどの理解があったかは甚だ疑わしい。何故なら、彼らの時代および社会は『山海経』に描かれているような「外なる世界」としての山岳川沢とそこに棲まう神獣・悪鬼たちがすでに大きく変化した後のものであったからである。しかも、彼らのような儒教的素養を身につけた知識人にとって『山海経』的な世界や神獣・悪鬼たちは語るべからざる「怪力乱神」であり、けして身近なものではなかったであろう。そうすると、時空をはるかに隔たった二十一世紀の日本に暮らす我々にとって本書を所狭しと駆けまわる神獣・悪鬼たちはより縁遠い存在であると言わざるを得ない。ところが実はそうではない。もちろん現代の社会で『山海経』的な世界や神獣・悪鬼たちを実体験するのはおよそ不可能であるが、それらを髣髴とさせるような新たな資料——戦国～秦漢時代の竹簡・木簡や帛書(文字が書かれた絹布)の類——が我々の眼前に陸続と出現しているからである。小文ではそのような『山海経』と何らかの共通点や関連性が認められる簡帛資料を逐次紹介することで、本書をより深く理解するための補足的解説としての務めを果たしたいと思う。

個々の資料を紹介する前にまず中国における簡帛資料について簡単に整理しておこう。現存する簡帛資料の発見は今から一世紀以上前の十九世紀末に遡り、それらは新疆や内モンゴル、甘粛といった西北辺境地区に点在する烽燧遺跡などの軍事防衛施設跡から出土した前漢武帝期以降の行政文書や簿籍類を中心とする。その後、一九七〇年代から長江流域の湖南・湖北を中心に戦国〜秦・漢時代の墓葬から佚書を含む書籍や地図、法律や司法関係文書、遣策(副葬品のリスト)など多種多様な簡牘帛書が出土するようになり、また二十世紀末から二十一世紀初にかけては湖南で漢代もしくは三国時代の古井戸から行政文書を主とする簡牘が大量に発見された。さらに二十一世紀に入ると、盗掘などで一旦は流出した簡牘を博物館や大学が購入収蔵し、年代測定などの研究分析を経て公表する例も複数みられるようになる。このように、中国出土の簡牘帛書は時代を下るとともに⑴西北辺境出土簡牘、⑵墓葬出土簡帛、⑶古井出土簡牘、⑷流出収蔵簡牘の順に発見され、今もなお現在進行形でそれぞれ数量と内容を増加させている。このうち『山海経』と関連するのは主に⑵と⑷である。ちなみに⑷流出収蔵簡は考古学的発掘で出土したものではないため、出土地や年代などがはっきりしないが、その内容から大多数が墓葬に副葬されていたものと考えられる。つまり広い括りで言えば、小文で以下主に紹介してゆくのは、『山海経』に関連性のある⑵墓葬出土簡帛である。

## 一――「外なる世界」との接触

墓葬出土簡の中でも特に注目されるのは「日書」と呼ばれる一種の占い関係の記録で、日にちや時刻の吉凶判断を中心に様々な占いを抜書きした占卜書の一群である。この類の簡牘は一九七五〜七六年に睡虎地十一号秦墓で出土した甲乙二種の「日書」によって初めてその存在が確認された。現在までに戦国時代から漢代まで十九件の「日書」が出土しており（工藤元男『占いと中国古代の社会』）、その中には相互に共通あるいは類似する占いを抄録しているものもあって、中国古代における占卜書の流行を窺える。「日書」に抜書きされている占いはその内容から、❶特定の日における様々な行為の吉凶を述べるもの、❷特定の行為における良日・忌日を述べるもの、❸凶事災禍への対処法やそれを避けるための予祝儀礼などを述べるもの、❹その他、の四類に大別することができる。なお小文で引用する簡帛資料は行論の便宜上、異体字や通仮字などを可能な限り通行字体に改めて示すことにする。

建日。良日なり。以て嗇夫と為るべし。以て祠るべし。早に利あるも、暮に利あらず。以て人を

入れ、始めて寇〈冠〉し、乗車するべし。為すこと有るや、吉。（睡虎地秦簡「日書」甲種・秦除、簡14正弐）

摯日。行するべからず。以て亡《に》ぐれば、必ず執えられて公に入りて止む。（同、簡19正弐）

右に挙げたのが❶の代表的な例で、建除と呼ばれる占いである。建除とは、二十四節気を基準とする十二ヶ月（節月）の一日一日を例えば、正月の寅の日は建、卯の日は除、辰の日は満（盈）、巳の日は平、というように建除に当ててゆき、その日の吉凶を占うものである。これによれば、建日に当たる日（正月の寅の日、二月の卯の日、三月の辰の日など）は全般的に良日で、官吏になったり、祭祀、奴隷の購入、冠を着けて成人となる儀式、乗車するのに適しているが、ただし午後もしくは日暮れ時には利がない日とされ、また執日に当たる日（正月の未の日、二月の申の日、三月の酉の日など）は行旅に出てはならない日であり、この日に逃亡すると必ず捕らえられて官府に奴隷として没入されるという。これに対して、❷は例えば、

●衣　衣を裚《た》つに、丁丑ならば人に媚び、丁亥ならば霊あり、丁巳ならば身を安んじ、癸酉ならば衣多し。●楚の九月己未を以て始めて新衣を被《き》る毋かれ。衣手□必ず死す。

（睡虎地秦簡「日書」甲種・衣、簡26正弐）

とあるように、衣服の作製という行為について、丁丑の日に作れば人に媚びるようになり、丁亥であれば良いことがあり、丁巳であればその身が安泰、癸酉であれば衣服が多くなり、他方、未読字があって詳細は不明だが、楚暦の九月己未は初めて新しい衣服を着てはいけない忌日であるとされる。

「日書」の中で『山海経』に関連するものとしては、まず行旅に関する占いを挙げることができよう。というのも、行旅というのは普段城壁に囲まれた邑で暮らす人々がその外に拡がる山岳川沢へ出て行くこと、すなわち『山海経』の対象たる「外なる世界」と直接接触する人間の営為の一つと見做し得るからである(本書一〇四頁〜)。「日書」に抄録される「外なる世界」への出立日、すなわち行旅の忌日はバリエーションに富み、

●丙寅・丁卯・壬戌・癸亥、以て行せば亾(亡)げ、帰らば死す。●七月申・酉は、合日なり。西行すべからず、死す。

(放馬灘秦簡「日書」乙種、簡317)

●凡そ出行の竜日は、丙・丁・戊・己・壬、戌・亥。以て行くこと及び帰ることとすべからず。

(放馬灘秦簡「日書」乙種、簡316)

凡そ春三月己丑は東すべからず、夏三月戊辰は南すべからず、秋三月己未は西すべからず、

冬三月戊戌は北すべからず。百【里の】中ならば大凶、二百里の外ならば必ず死す。歳忌。
（睡虎地秦簡「日書」甲種・帰行、簡131正）

辛・壬を以て東南行する毋かれ。日の門なり。癸・甲を以て西南行する毋かれ。月の門なり。乙・丙を以て西北行する毋かれ。星の門なり。丁・庚を以て東北行する毋かれ。辰の門なり。●凡そ四門の日は、行の敫《きょう》なり、以て行せば、不吉。
（同、簡132正）

●凡そ行を為す者は、其の鄕《むか》うの忌日に起つ毋かれ。西するに亥・未に起つ毋く、東するに丑・巳に起つ毋く、北するに戌・寅に起つ毋く、南するに辰・申に起つ毋かれ。
（放馬灘秦簡「日書」乙種、簡315）

などとあり、行旅の出立に際しては、単純に干支のみで示される日以外に、季節や干支、方角など実に多様な禁忌があったことが判る。これらの忌日に加えて、さらに前掲した建除の執日のように行旅に適さない日があるので、仮に全てを合算して従うならば、行旅に出立できない日は一年のうちかなりの割合を占めることになる。さらに出立だけではなく、行旅から戻ってくる際も同じように忌日があった。

入正月七日・入二月四日・入三月廿一日・入四月八日・入五月十九日・入六月廿四日・入七月九日・入八月九日・入九月廿七日・入十月十日・入十一月廿日・入十二月卅日、凡そ此の日は以て帰らば死し、行せば亡ぐ。

（睡虎地秦簡「日書」甲種・帰行、簡133正）

行者　遠行する者は、壬戌・癸亥を以て室に到る毋かれ。以て出づれば、兇（凶）。

（睡虎地秦簡「日書」乙種・行者、簡140）

なお、「日書」における行旅は単なる「行」の他、時間的・空間的次元を異にする「遠行（大行）」「久行」「長行」や交通手段の違いによる「船行」などが見える（工藤元男『睡虎地秦簡よりみた秦代の国家と社会』）。このように行旅の忌日が多く存在する一方で、一日をさらに幾つかの時間帯に分割した上で行旅に適した時間や方角を示す「禹須臾」と題される占いも数種確認される。

入月一日、旦に西せば、吉。日中に北せば、吉。昏に東せば、吉。【中夜に】南せば、吉。
入月五日、旦に南せば、吉。日中に西せば、吉。昏に北せば、吉。中夜に東せば、吉。

（放馬灘秦簡「日書」甲種・禹須臾行日、簡43壱・簡47壱）

禹須臾　戊・己・丙・丁・庚・辛、旦に行かば、二喜有り。甲・乙・壬・癸・丙・丁、日中に行かば、五喜有り。庚・辛・戊・己・壬・癸、餔時に行かば、七喜有り。壬・癸・庚・辛・甲・乙、夕に行かば、九喜有り。

（睡虎地秦簡「日書」甲種・禹須臾、簡135正）

放馬灘秦簡の禹須臾行日は一日を旦・日中・昏・中夜に四分割して、各時間帯における行旅に良い方角を一日から三十日まで提示し、睡虎地秦簡の禹須臾も一日を日中や餔時などの五つの時間帯に分割して、干支ごとに各日における良い時間を示す。「日書」ではないが、尹湾漢墓簡牘にも行旅に関する占卜書「行道吉凶」「刑徳行時」が含まれており、それらも含めて、これらの行旅の忌日やその吉凶を判断するための占いは当時の官吏の出張との関連性が指摘されている（高村武幸『漢代の地方官吏と地域社会』、工藤元男『占いと中国古代の社会』）。勿論、公務上出張しなければならない官吏や行旅に出る人々だけがこれらの占いを必要としたのではなく、例えば、徭役に徴発される人々などにとっても「外なる世界」の危険はまた同様であったであろう。

●千里の行は、壬戌・癸亥を以てする毋かれ。徙らば死し、行せば亡げ、復《ふた》び迹《あと》けられず。

（放馬灘秦簡「日書」乙種、簡123壱）

●凡そ黔首の遠役に行くに、甲子・戊辰・丙申を以てする毋かれ。死せずんば、必ず亡ぐ。

（同、簡124壱）

これらの様々な忌日を避けてもなお「外なる世界」の危険には慎重でなければならなかったようで、行旅の出立に際しては餞の宴席を設けて犠牲を供えたり、下衣の交換をしたりして、送行の祭祀「祖道」を城門の外で行い、また行旅中の災害を避けるための禹歩を伴う予祝儀礼も行う必要があった（工藤元男前掲書）。

> 行きて邦門の閫に到れば、禹歩すること三たび、壹歩を勉《すす》むごとに「皋《ああ》、敢えて告ぐ」と呼《さけ》び、曰く、「某の行に咎無かれ。先に禹の為に道を除《はら》わん」と。即ち地を五画し、其の画せる中央の土を掓《ひろ》いて之を懐《おさ》む。
> （睡虎地秦簡「日書」甲種、簡111背～簡112背）

平常時にこのような予祝儀礼を行わなければならなかったのであれば、出張や徭役など出行する日や時間、方角を当事者が自由に選択できない場合はなおさらであったろう。

> ■禹須臾行　日を択ぶを得ざれば、邑門を出で、禹歩すること三たび、北斗に嚮い、質《つつし》みて地を画し、之を視て曰く、「禹に直五横有り。今、行に利あれ、行に咎無かれ。禹の為に前に道を除わん」と。
> （放馬灘秦簡「日書」甲種・禹須臾行、簡66弐～簡67弐）

以上見てきたような秦簡「日書」における行旅の良忌日やその吉凶を判断する占いの幾つかは

孔家坡漢簡や印台漢簡などの漢簡「日書」にも共通あるいは類似するものが抄録されている。これは秦漢帝国の成立後においてもなお『山海経』に描かれるような「外なる世界」が残存していたこと、そして当時の人々が禁忌や予祝儀礼などで守られながらその世界と接触していた民俗社会の一側面を如実に物語っている。

## 二――妖怪・鬼神撃退法

「外なる世界」に満ち溢れる危険の多くはその世界に棲まう神獣・悪鬼たちによってもたらされる。伊藤清司氏は『山海経』の大半を占める山経について、「山川に棲むもろもろの妖怪・鬼神たちの名称を記録し、それにそれぞれの属性を付記した戸籍」、「中国各地の山林川沢に棲む怪力乱神ならびに野生の猛禽獣や蝮蛇類の博物誌」、「人びとがもっとも恐れ嫌っていた山川の札つき悪党どものリスト、いわば山川の『悪紳士録』」などと表現され、その特徴を捉えられた（本書一〇二頁）。これに対して人々が日常暮らしている「内なる世界」にも当然ながら災禍や凶事は起こる。では、それらは何によってもたらされ、どのように対処すれば良いのであろうか。その答えの一つが睡虎地秦簡「日書」甲種・詰（簡24背壱～簡68背弐）に見える。詰篇は、

詰　●詰咎。鬼は民を害せんとして妄りに行き、民に不祥を為す。告ぐるに之を詰るが如く召■、「導くに民をして凶殃に罹《あ》わしむる毋かれ」と。鬼の悪《にく》む所は、彼の屈臥箕坐、連行踦立なり。
（簡24背壱～簡26背壱）

とあるように、「内なる世界」に暮らす民に起こる災禍や異変を「鬼」の為せる業と捉え、それを避けたり除いたりする基本的な対処法として「鬼」を責め詰《なじ》り、また「鬼」が嫌悪する身を屈めて臥したり、両足を箕のように前に開いて坐る姿勢をとったり、後足を前足につけて進んだり、一本足で立ったりすることを提示する。この総則的な占辞の後、個別具体的な災禍・異変とその原因となっている「鬼」、および解除法全七十条を三段組みで抄録している（工藤元男「睡虎地秦簡「日書」における病因論と鬼神の関係について」）。

人、故無くして、鬼、之を攻めて已《や》まざるは、是れ是れ刺鬼なり。桃を以て弓を為《つく》り、牡棘もて矢を為り、之に羽するに雞羽もてし、見《あら》われて之を射れば、則ち已む。（簡27背壱〜簡28背壱）

鬼の恒に男女に従い、它人を見れば而《すなわ》ち去るは、是れ神虫なり。偽《に》せて人を為り、良剣を以て其の頸を刺せば、則ち来らず。（簡34背弐〜簡35背弐）

人、故無くして室皆な傷むは、是れ粲迓の鬼、之に処ればなり。白茅及び黄土を取りて之に洒《そそ》ぎ、其の室を周れば、則ち去る。（簡57背弐〜簡58背弐）

鬼、恒に人の女に従い、与に居りて曰く、「上帝の子、下游す」と。去らんと欲せば、自ら

浴びるに犬矢を以てし、繋ぐに葦を以てせば、則ち死す。（簡38背参）

人行きて鬼、道に当たりて以て立つ。髪を解き奮いて以て之を過ぎれば、則ち已む。（簡46背参）

右に例示したように、詰篇で対象となる災禍は『山海経』の神獣・悪鬼たちによる疫病や洪水・日照りのような広範囲に及ぶものとは大きく異なり、基本的に個人ないし同じ家に同居する家族に起きるものである。また、それらの原因とされる「鬼」は大多数が前三条に記された「刺鬼」「神蟲」「粲迓の鬼」のように固有の名前を持っている一方で、後二条のように単に「鬼」とのみ記される場合もあり、さらには「狼の恒に人門に呼びて「吾に啓け」と曰うは、鬼に非ざるなり。殺して烹て之を食わば、美味有り」（簡33背参）のように、「鬼」ではないと明記された条もある。このように『山海経』の山経の記述とは異なる点も幾らかあるものの、人々が憂慮する災禍や異変に対してその原因を特定の鬼神・精怪に求め、さらにその解除の方法を記すという考え方は基本的に『山海経』と通底しており、言わば「内なる世界」の『悪鬼録』といったところであろうか。このような詰篇の多くの条項が巫者や日者が祓除の方法において自己の存在価値を明らかにするために書き記したものであるとの指摘もされており（大川俊隆「雲夢秦簡『日書』「詰篇」初考」）、本書「あとがき」で『山海経』を記録した存在について「国家的存在」か、「特定の思想の持ち主」か、「職能者集団的な存在」か、と含みを持たせた理解が示されていることとも対応上、興味深い。

## 三――山岳や山岳神に対する祭祀

災禍や異変を避け、除くための方法は詰篇のような撃退法の他にも、災厄をもたらす特定の怪神に祭祀を執り行い、回避ないし緩和させる方法もある。『山海経』山経には二十六ある各首・次経の末尾にそれぞれの山系の神々の容姿と、それらに対して執り行うべき祭祀が記されているが、このような山岳神あるいは山岳への祭祀と関連する簡帛資料として「卜筮祭禱簡」を挙げることができる。「卜筮祭禱簡」とは戦国楚墓から出土し、戦国楚の貴族が毎年年度初めに定期的に、あるいは罹病時など非定期的に巫祝を屋敷に招いて向こう一年間の災禍の有無や原因・対処法などを貞問させた恒例行事の記録で、現在七件の出土が確認されている。

①東周の客許経《きょえい》の胙を栽郢に帰《おく》るの歳、夏𡰦《かし》の月乙丑の日、藍吉、保家を以て左尹《さいん》舵の為に貞《と》う、

②「出入して王に侍ること、夏𡰦の月より以て集歳の夏𡰦の月を就《お》えるまで、集歳を尽《つ》くすに、躬身に咎《とが》有る毋からんことを尚《こいねが》う」と。

③之を占うに、「恒貞吉。少しく王事に悪有らん。且つ躬身に憂《うれえ》有らん」と。其の故《ゆえ》を以て之を敚す。

④「故の蔽を逐《うつ》し、〓に賽禱《さいとう》するに佩玉一環もてし、后土《こうど》・司命《しめい》・司禍《しか》に各〻一少環もてし、大《たい》水《すい》に佩玉一環もてし、二天子に各〻一少環もてし、峗《き》山に一玨もてせん。応会《おうかい》の説を逐し、宮后土に賽禱するに一羖もてせん。石被裳《せきひしょう》の説を逐し、秋三月に至らば、昭王に賽禱するに特牛《とくぎゅう》もてし、之に饋《き》せん。文坪夜君《ぶんぺいやくん》・郚公子春《ごこうししゅん》・司馬子音《しばしいん》・蔡公子家《さいこうしか》に賽禱するに各〻特豢もてし、之に饋せん。親母に賽禱するに特豬もてし、之に饋せん」と。

⑤盬吉、之を占いて曰く、「吉」と。

⑥〓・后土・司命・司禍・大水・二天子・峗山、皆な既に成る。

期中に憙有り。

（包山楚簡「卜筮祭禱簡」、簡212～簡215）

「卜筮祭禱簡」には整然とした体例があり、基本的な内容を右に挙げた例で見てみると以下のとおりである。まず①いつ、誰がどのような占いの道具を使い、誰のために占ったのかが記される。右の例で言えば、東周の使者である許絰が楚を訪れた年（前三一七）、夏𡰥の月（楚暦における五月）乙丑の日に、盬吉という占い師が保家という占いの道具を使い、墓主である左尹（官名）の職にある昭舵のために占った、ということである。②は占った具体的な内容である。例では「今年の夏𡰥の月から翌年の夏𡰥の月までの一年間、宮中に出入して楚王に仕えるのに、昭舵の身体に災いがないことを願う」と占われている。その結果が③に「占ったところ、〝長期的には吉であるが（常套句）、楚王室に関することで少し過失があり、また健康にも難がある〟と判断された。そこでそれらの災禍を解除するための祭禱案を提案する」のように記される。④がその具体的な祭禱案である。このような占いは同日に複数の占い師によって行われ、各人が祭禱案を提案する仕組みになっているが、右の例では、盬吉は以前に他の占い師が提案した祭禱案を沿用し、「[illegible]」（太一とする説もあるが不詳）以下、地の神である后土や寿命を掌る司命など、さらには大水・二天子・峗山などの山川にそれぞれ異なる種類の玉器を備える賽禱を提案している。また応会という占い師の提案を沿用して宮后土（宮室の地神か）に羊を犠牲とする賽禱を、さらに石被裳という別の占い師の提案を沿用して昭阤の祖先である楚の昭王には牛を、直近の先祖の文坪夜君（高祖父）・郚公子春（曽祖父）・司馬子音（祖父）・蔡公子家（父）には豚を、母にはそれとは異なる豚をそれぞれ犠牲として用い、「饋」という方法で祀る賽禱をそれぞれ提案している。これらの祭禱案の可否を再度占ったのが⑤で、盬吉が占ったところ、吉と判断された。⑥は④で提案された祭禱案のうち実際に行われたものの付記であり、必ず全ての祭禱案が実行されるわけではない（工藤元男『占いと中国古代の社会』）。

「卜筮祭禱簡」の祭禱案に見える神霊は天神・地祇・小神・神話上の神・祖先（楚先・楚王・先君など）・厲鬼などに分類することができるが（池澤優『「孝」思想の宗教学的研究』）、右に挙げた中の「二天子」を『山海経』で「二天子鄗山」（海内南経）や「二天子都」（海内東経・海内経）と呼ばれる衡山・菌山・桂山に比定する説（劉信芳「包山楚簡神名与《九歌》神祇」）や、「峗山」を「三危之山」（西次三経）に比定する説（晏昌貴「楚卜筮簡所見神霊雑考（五則）」）などがある。この他、「五山に舉禱すること各〻一牂もてし」（包山楚簡「卜筮祭禱簡」、簡240）や「五宝山に……すること各〻一牂もてす……」（葛陵楚簡「卜筮祭禱簡」、甲二29）などとあるような複数の山を一括りにした祭禱案も『山海経』と共通している。さらに「卜筮祭禱簡」の祭禱案の構文そのものが『山海経』における山岳神祭祀の構文「毛（犠牲）／玉（玉器）／糈《しょ》（供え進める穀物）／嬰＋用（以）＋〈祭具〉＋〈祭法〉」に類似し、特に「嬰」という玉などを一定形式で陳列して供える祭祀儀礼については（拙稿「『山海経』五蔵山経における山岳神祭祀」）、二〇〇三年に公表された葛陵楚簡「卜筮祭禱簡」に、

二天子に挙禱《きょとう》するに各〻両牂もてし、之に瓔するに兆《ちょう》玉を以てせん。（甲三166＋162）

夏柰の月己丑の日、君の懌ばざるの故を以て、三楚先に就禱《しゅうとう》するに屯一牂もてし、之に瓔するに兆玉もてす。壬辰の日、之に禱す。（乙一17）

などとあり、その祭祀対象は山岳に限定されてはいないものの、いずれも玉を「嬰」する用例として多数確認することができる。

山岳（神）祭祀に関連する簡帛資料は「卜筮祭禱簡」以外にもあり、その一つが九店楚簡「日書」告武夷である。この篇は冒頭に「【皋《ああ》】、敢えて□繳の子の武夷《ぶい》に告ぐ」という宣告があり、上述

した「日書」中の占いの分類で言えば明らかに③凶事災禍への対処法としての禱告である。具体的な内容については解釈が分かれており、全体を理解することは難しいが、その禱告の辞に「今日、某は将に食わんと欲し」「某をして来帰して食らうこと故【の如く】せしめよ」とあるので、およそ何らかの原因で飲食が困難になった際に武夷という神霊に供物を捧げて祈る方法を示したものであることは間違いない。ここで禱告の対象となっている武夷は「爾《なんじ》は復山の阯、不周の野に居る。帝、爾に事無かれと謂い、爾に命じて兵死者を司らしむ」とあり、復山のふもと、不周山の裾野に棲む山岳神で、帝から戦死者の魂を管掌するよう命じられている。今後も検討する必要があるが、本書の内容に即して考えるならば、この武夷が本来『山海経』に描かれるような戦禍の怪(本書七〇～七七頁)であったものが、後の戦国楚の社会の中で「人格神的性格をつよめ、信仰の対象にな」った怪神(本書二三〇頁)である可能性もでてくるだろう。

また上海博物館が一九九四年に香港の骨董市場から購入した上海博物館蔵戦国楚竹書(以下、上博楚簡)は⑷流出収蔵簡牘の代表例であるが、その中に「柬大王泊旱」と名付けられた一篇がある。その概略は、戦国早期の楚の簡王(熊中。前四三一～前四〇八年在位)が楚国で起きた旱魃を恐れ、祭祀や占卜を管掌する複数の臣下とその原因および対処法(祭祀)をめぐって問答を重ね、最終的には「聖人の子孫」とされる大宰の提案に従って大雨が降り、旱魃が克服されたという故事であるが、その中で、簡王は、王、以て贅尹高に問う、「不穀、癛《うれ》うること甚だしく、病聚《うれえあつ》まり、高山深渓を夢《ゆめみ》る。吾が得る所の地の膚中に於ける者に名山名渓有る無し。楚邦に於ける者を祭るを欲するか。当に謐《つつし》みて之を大夏に卜すべし。如《も》し慶たれば、将に之を祭るべし」と。

（上博楚簡「柬大王泊旱」、簡8＋簡3〜簡4）

とあるように、旱魃を心配するあまり高山深渓を夢に見て、その夢を旱魃への対処法としての山渓に対する祭祀の啓示と判断し、楚邦における名山名渓への祭祀の当否を卜わせた。さらに複数の臣下との問答を経た後の段に

将に鼓して之を渉らんとするが若《ごと》し。王夢ること三たび。……鼓して之を渉るは、此れ何ぞや」と。大宰進みて答う、「此れ謂う所の旱母なり。帝は将に之に命じて諸侯の君の治むる能わざる者を修めしめ、而して之を刑するに旱を以てす。夫《ま》た旱毋しと雖も、而かも百姓もて遂《うつ》らしめ，以て邦家を去らしむ。此れ君者の刑たり」と。

（同、簡9〜簡12）

とあり、簡王は何者かが鼓を打ち鳴らして高山深渓を渡ろうとしている夢を三度も見、大宰がその夢解きをすることになる。大宰によれば、簡王が夢に見た鼓を打ち鳴らして高山深渓を渡ろうとする鬼神は旱母という名で、上帝に命じられて正しい政治を行うことのできない諸侯を正し、

旱魃を起こして罰するもので、たとえ旱魃が起こらなくても、百姓をその国から他の地へ移り去らせ、そのように国君に対して処罰するという。旱害に際して山川を祭るというモティーフは同じ上博楚簡の「魯邦大旱」や『晏子春秋』内篇諫上などにも見えるが、そこにはこの柬大王泊旱の旱母のような鬼神は登場せず、宗教性が希薄である（拙稿「子弾庫楚帛書の天人相関論について」）。また旱母は鼓を打ち鳴らして高山深渓を渡ろうとするからには山渓に棲んでいる可能性が高く、上帝から人間社会に下されるという天人相関論的な脚色を取り去った後の原初的な性格は山経に散見される様々な姿をした旱鬼（本書四五～五五頁）に近似していたのではなかろうか。

## 四――山川の恵みの利用と呪術的治療法

『山海経』に描かれた「外なる世界」は妖怪・鬼神の棲む「危険な空間」であると同時に、人びとを魅惑する各種の有用な財物を内蔵して「内なる世界」に益をもたらす恵みの空間でもあった。それらの財物のうち最も重要なものが薬物・呪物であり（本書Ⅲ恵みの鬼神、1山川の恵み〜4家畜用の薬物）、伊藤清司氏はそこに「アニミステックな疾病観にいろどられた宗教呪術的療法が支配的であった」時代を見る。そのような様々な疾病の治療法を列挙した簡帛資料として知られるのが馬王堆漢墓帛書「五十二病方」や周家台秦簡「病方及其它」などである。前者は一九七三年に発掘された馬堆三号漢墓から出土した帛書の一つで、この墓葬には他にも竹簡の「医書」、帛書の「足臂十一脈灸経」や「脈法」「雑療方」などの医学関係の書籍が多く副葬されていた。「五十二病方」は四十五の病目（病項）についての治療法を列挙し（小曽戸洋他『馬王堆出土文献訳注叢書　五十二病方』）、その治療法も『山海経』の「服す」「佩ぶ」「食らう」などのように単純な記述ではないが、治療に用いられる薬物の中には『山海経』に記載される鉱物や生物も見える。

一、雄黄を治《つ》き、彘膏を以て滫《こ》ね、少しく殽《ま》ずるに醯《す》を以てし、其の二の温をして適わしめて以て之に傅《つ》く。之を傅くるに、毎に濯《すす》ぐに淳《こ》き酒を以てし、加うるに湯を以てし、乃ち傅く。（馬王堆漢墓帛書「五十二病方」第360行）

一、僕纍《ぼくるい》を治き、故《ふる》き脂を以て膳《ととの》えて傅く。傅くれば、之を炙る。三四たび傅く。（同第361行）

例えば、右に挙げた「痂（皮膚を被覆するかさ）」の治療法で用いられる「雄黄」は高山（西次二）・中曲之山（西次三）、および女几之山（中次九）から流れる洛水に多い鉱物として見え、「僕纍」は青要之山（中次三）に多いとされるカタツムリである（郭璞注に「僕纍は蝸牛なり」とある）。これらは『山海経』に記されている呪術的治療法に比べてより進歩的と言うべきであろうが、同時に「疣（いぼ）」の治療法の中には、

一、月晦の日を以て丘に之《ゆ》き、井に水有れば、敝《やぶ》れたる帚《ほうき》を以て疣を掃うこと二たび、七たび祝して曰く、「今日、月晦なり。疣を北に掃わん」と。帚を井の中に入る
（馬王堆漢墓帛書「五十二病方」第360行）

などのように、禁呪を唱える方法が見え、宗教呪術的療法も依然として並存していたことが判る。

禁呪を唱える治療法は「五十二病方」より遡る周家台秦簡「病方及其他」にも頻見し、

已齲方。東の陳《ふる》き垣を見、禹歩《うほ》すること三歩、曰く、「皋《ああ》、敢えて東陳垣の君子に告ぐ。某、齲歯を病む。苟しくも某をして齲已《や》ましめば、請いて驪牛の子母を献げん」と。前《すす》みて地の瓦を見、操る。垣に瓦有るを見れば、乃ち禹歩す。已《お》わり、即ち垣の瓦を取りて東の陳き垣の址下に埋む。……（周家台秦簡「病方及其它」簡327〜簡328）

馬心。禹歩すること三たび、馬に嚮《むか》いて祝して曰く、「高山・高郭、某の馬、天に心す。某、我が為に之を已め、□を幷せて之に侍せん」と。即ち地に午画して其の土を撮り、以て其の鼻中に摩《す》る。（同簡345〜簡346）

などとある。前者は「齲（虫歯）」の治療法の一つである。後者「馬心」について整理者は馬のある種の疾病であろうとしつつ、同時に「心」を「駸」に読み（『説文』に「馬行くこと疾《はや》きなり」とあるのを引く）、あるいは馬を速く走らせる方術とする可能性も示す。後者の解釈に従うならば、何かの植物を用いている訳ではないが、馬の調良呪術（本書一七八〜一八〇頁）の一つとして注目すべき資料と言えるだろう。

## 五——形法家の書としての側面、あるいは海経の神話的世界

「外なる世界」の正負両面を描く『山海経』は前漢後期以降、一部で土地や地理に関係する実用書として受容されたようである。『漢書』芸文志・数術略では『宮宅地形』や『相人』『相六畜』といった宅占や人相占いなどのテキストが並ぶ形法家の筆頭に『山海経』十三篇が挙げられている。形法とは、「大いに九州の勢を挙げて以て城郭・室舎の形を立て、人及び六畜の骨法の度数・器物の形容以て其の声気・貴賤・吉凶を求」める術である。また『後漢書』循吏列伝・王景伝には永平十二年（六九）、黄河の氾濫によって汴渠の修築に際して明帝が王景に『山海経』を始めとする典籍やその他金品を下賜したことが見える。『山海経』のこのような側面に注目すると、放馬灘一号秦墓から出土した四枚の木板に描かれた地図七点（表裏両面に描かれた三枚と片面にのみ描かれた一枚）や馬王堆三号漢墓から出土した帛書に描かれた「地形図」や「駐軍図」、あるいは放馬灘五号漢墓の紙地図残片などを中国古代における実際の地図として挙げることができる。特に放馬灘の木板地図は現在発見されている中国最古の地図で、河川を細い実線で、その両側に黒い楕円形を描いて峡谷を表したり、また「邽丘」「楊里」「虎谿」といった地名の他、「材木多し」「松材」「大楠材」「蘇木有り」、下に狭

思あり」などの植生や「十五里」「谷口を去ること五里可《ばか》り」などの里程が記されており、山経の記述を想起させる。一方、相術のテキストとしては、地理に関するものは現在のところ未見であるが、九店楚簡「日書」や睡虎地秦簡「日書」甲種に相宅の占辞が含まれている他（九店「日書」簡45〜簡59、睡虎地「日書」甲種簡15背〜簡23背）、馬王堆漢墓帛書「相馬経」・双古堆漢簡「相狗経」・銀雀山漢簡「相狗方」・新居延漢簡「相利善剣刀」（T40・202〜207）が出土している。

　これまでは本書の内容に即して山経との関連性を中心に簡帛資料を見てきたが、最後に本書では触れられることの少なかった海経との関連性が窺えるものにも触れておきたい。海経は「主として中国世界の外側にひろがる非中国的異族の世界」、言わば「外なる世界」たる山経の「更に外なる世界」を対象としており、その一部には神話的世界などが含まれる。この海経の神話的世界との繋がりを窺わせるのが一九四二年に盗掘された子弾庫楚墓に副葬されていた「楚帛書」と呼ばれる資料である。子弾庫楚帛書は中央部分に天地を逆様にして書かれた八行文と十三行文の二篇と、周囲四辺に各三篇ずつ書かれた三文字の辺題をもつ数行の辺文、そして辺文の脇に一体ずつ描かれた神怪と、四隅に描かれた青・朱・白・黒の四本の樹木、という三篇の文章と二種類の図像から構成される。その八行文は天地（空間）と時間の秩序形成について三段に分けて述べる創世神話的な内容で、楚帛書で想定されている世界は次のような三段階を経て形成されたとされる。第一段階では、太陽と月の誕生以前に「雹戯」という神が混沌の中で天地を往来して万物の生成変化に参与し、気の作用で通行できるようにした山陵を渉り巡るなどし、一方で雹戯の子である

「四神」が一人一人交代移動して「四時」を創出し、その繰り返しにより「歳」を創出する。第二段階では、第一段階から千百年が経って太陽と月が誕生した後の「九州平らかならず、山陵備《ことごと》く矢《かたむ》」き、「天方《まさ》に動かんと」する不安定な天地を「炎帝」の命を受けた「祝融」と四神が安定させ、炎帝が太陽と月を運行させるようになる。第三段階では、「共工」がその太陽と月を受け入れ、交互に送り出すことで宵・朝・昼・夕という四つの時間区分を創出する（拙稿「子弾庫楚帛書三篇の関係からみた資料的性格について」）。その中で「帝、允《まこと》に乃ち日・月の行を為す」と描写される炎帝は、『山海経』大荒南経に「東南海の外、甘水の間、羲和の国有り。女子有り、名けて羲和と曰う。方に日を甘淵に浴せしむ」とある、太陽を水浴させたり運行させたりする羲和の姿に重なり、また「相代わり、乃ち之《ゆ》きて以て歳を為す。是れ惟れ四時なり」と太陽と月の誕生以前に交代移動して四時を創出する四神は十日神話の太陽に相当する。さらにこの八行文で中心的な役割を果たしている炎帝・祝融・共工については、海内経に「炎帝の妻、赤水の子、聴信、炎居を生み、炎居、節並を生み、……戯器は祝融を生み、祝融は降りて江水に処り、共工を生み、共工は術器を生み……」とあるように祖孫関係として一系に繋ぐ系譜があり、楚帛書の祝融も「四神を以《ひき》いて降」って天地を安定させている。

## ――おわりに

これまで紹介してきた簡帛資料はいずれも文字で書かれたものであるが、その一方で『山海経』と関連性のある図像資料が数多く発見されていることも見過ごせない。本書でもすでに王孫満の鼎上怪神図説や「山海図」について述べられており(本書九七頁～)、また漢代の画像石や出土遺物の図版が随所に挿れられているとおりである。しかし、図像資料はそれぞれの図像が何を描いたものであるのか明示する題記をもたないものが多いため、『山海経』に見えるどの神獣・悪鬼に同定できるのか、形状からだけでは判断が難しい。例えば、前述の楚帛書に描かれた十二の神怪図像(図1)に対して、『山海経』の記述から解釈しようとする試みもあるが、定説となるまでには至っていない。そのような状況で興味深い事例を一つ挙げておこう。それは一九九一年十二月～翌年一月にかけて発掘された敦煌の佛爺廟湾西晋一号画像磚墓である。この墓葬の年代は西晋早期、二九〇年より下ることはなく、墓主は相当の経済力をもった豪族の地主であったとされるが、注目すべきは墨書題記をもった豊富な彩色画像磚である。画像磚の主な題材は、❶伏羲・女媧などの伝統的な神話伝説の人物、❷歴史的人物、❸不思議な禽獣を代表とする瑞祥や神話伝説、

❹世俗の生活場面、の四つに分類されるが、そのうち❸の一つに「児魚」という題記をもつ、人面の魚が描かれたものがある(図2)。この「児魚」は、『山海経』の竜侯山から流れる決決水に棲む「人魚」で、郭璞は「ある人は、人魚はつまり鯢のことである。鮎《てん》に似ていて四足、声は小児が鳴くようである、と言う」と注している。

竜侯の山……決決の水はここより出でて東流して河に注ぐ。そのなかに人魚多し。その状は鯑《てい》魚のごとくにして四足、その音は嬰児のごとし。これを食えば癡疾なし。(北山経次三経)

山経で痴呆症の呪薬として見え、本書でいうところの「恵みの鬼神」(内科・外科の薬物)である児魚が、麒麟のような瑞獣と同列に画像磚に描かれているのは多分に不思議であるが、この佛爺廟湾一号墓の画像磚は郭璞とちょうど同じ時代の画像資料として大いに注目される。郭璞が「山海経図讃」を書くために見ていた「山海図」(本書一〇〇頁)もあるいはこのようなものであったのであろうか。

以上の諸資料はいずれも『山海経』に直接関わる記述ではなく、あくまでもその周辺に位置し、『山海経』的な世界や神獣・悪鬼たちと何らかの共通点や関連性をもった資料である。それでは『山海経』そのものとまではいかなくとも、『山海経』的な書籍が今後出土する可能性はないのであろうか。実はそのような淡い期待を抱かせてくれる史料がある。西晋の咸寧五年(二七九)〜太康二年(二八一)に汲郡汲県(現河南省新郷地区衛輝市の西)の不準という人物が戦国魏の襄王(前三一八〜

前二九六在位）あるいは安釐王（前二七六〜前二四三在位）の冢と言われる古墓を盗掘し、車数十台分、十余万言という大量の竹簡群を得た。いわゆる「汲冢書（汲冢竹書）」である。『晋書』束晳伝によると全七十五篇の中には「『瑣語』十一篇、諸国の卜夢・妖怪の相書なり」と「『梁丘蔵』一篇、先ず魏の世数を叙べ、次に丘に蔵する金玉の事を言う」という二篇が含まれていたという。この「妖怪の相書」あるいは「丘に蔵する金玉の事を言う」という説明は正しく『山海経』、特に山経の記載と合致するものであろう。周知のとおり汲冢書はそのほとんどが現在には伝わらない佚書で、『瑣語』（輯本でのみ現存）も『梁丘蔵』も例外ではない。しかし、小文で見てきたような資料やこの汲冢書の存在を考えると、墓葬出土の簡帛資料が『山海経』という不思議な文献を読み解く上でけして軽視できない資料であることは理解されよう。もしかすると原『山海経』とも言うべき竹簡もどこ

図1…楚帛書の神怪図像

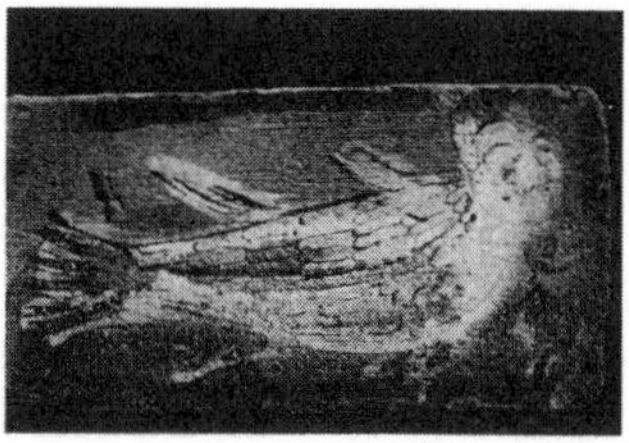
図2…児魚

かの古墓から発見されるかも知れない。

【参考文献】

晏昌貴「楚卜筮簡所見神霊雑考（五則）」（『簡帛』第一輯、二〇〇六年）
池澤優『「孝」思想の宗教学的研究』（東京大学出版会、二〇〇二年）
殷光明／北村永訳「敦煌西晋墓出土の墨書題記画像磚墓をめぐる考察」（『仏教芸術』二八五号、二〇〇六年）
大川俊隆「雲夢秦簡『日書』「詰篇」初考」（『大阪産業大学論集（人文科学編）』八十四、一九九五年）
工藤元男『睡虎地秦簡よりみた秦代の国家と社会』（創文社、一九九八年）
『占いと中国古代の社会』（東方書店、二〇一一年）
「睡虎地秦簡「日書」における病因論と鬼神の関係について」（『東方学報』第八十八輯、一九九四年）
小曽戸洋・長谷部英一・町泉寿郎『馬王堆出土文献訳注叢書　五十二病方』（東方書店、二〇〇七年）
高村武幸『漢代の地方官吏と地域社会』（汲古書院、二〇〇八年）
森和「『山海経』五蔵山経における山岳神祭祀」（『日本中国学会報』第五十三集、二〇〇一年）
「子弾庫楚帛書三篇の関係からみた資料的性格について」（『史滴』第二十六号、二〇〇四年）
「子弾庫楚帛書の天人相関論について」（『中国出土資料研究』第十一号、二〇〇七年）
劉信芳「包山楚簡神名与《九歌》神祇」（『文学遺産』一九九三年第五期）

補論2

# 五蔵山経における舞

## ――帝江と鳥の舞

矢島明希子

### ――はじめに

『山海経』五蔵山経は、山林藪沢に住まう異形の鬼神・妖怪たちの記述をふんだんに含んでいる。伊藤清司氏は、人々が生活拠点とする村落共同体「内なる世界」に対して、その外側に広がる、神怪が住まい、山川に蔵されている薬物・呪物などの財物を生みだす山林藪沢を「外なる世界」と呼んだ。本書で、伊藤氏は、「外なる世界」の超自然的存在は、異形の姿で現れ、「内なる世界」に祟りする負の存在であるが、これらは祭祀することによって、「内なる世界」の秩序と安寧を保持する正の存在に変移し、人々の宥恕の祈願を受けて祀られるようになると、保護神的性格を強め、正の守護神となるような価値転換が起こるとされている（本書二〇二頁）。例えば、祝融や回禄のように火災を引き起こす負の怪神への祭祀や、後に瑞獣とされる鳳凰、美しい女神として親しまれる西王母も、『山海経』で描かれるように、本来は合成的な異形の存在である。このような恐ろしい存在であった妖怪・鬼神も、祭祀の対象となるにつれて、人々がそれまで抱いてきた恐怖心は薄らぎ、むしろ神聖なものとして親しまれるようになったと伊藤氏は述べる（本書二〇五〜二一四頁）。

つまり、神聖な領域である「外なる世界」の本質は、その正負両義性にあり、「外なる世界」に棲む山神の本質も、また正負両様を兼有するその両義性にあるのである（本書二一七〜二一九頁）。

神々の両義性を説くにあたって、伊藤氏は山経に見える赤鷩《せきへい》・鴖《びん》・鵸鵌《きよ》・竊脂《せつし》など防火の呪鳥・霊鳥を例に挙げており、鶏の類が陽光を招来し、邪気を払う呪能を持つという信仰は東アジアの各地に見られ、近年でも正月に火伏せの呪符として、赤い鶏の絵を門に貼る習俗があるという（本書一九六頁）。伊藤氏は言及していないが、天山に棲む有翼の神帝江も、実に太陽を連想させる姿をしている。


天山……ここに神有り。其の状は黄嚢の如く、赤きこと丹火の如く、六足四翼、渾敦《こんとん》として面目なし。是れ歌舞を識る。真に帝江たる也。（西次三経）

のっぺらぼうの袋のような姿で、燃えるように赤く、翼を持ち、鳥獣だけでなく袋まで合成された異形の姿であるが、真っ赤に輝く姿は太陽を連想させる。しかし、この帝江は、天山にあって正負どちらの存在であったのか、あるいはどのような役割を持っていたのかについては記述がない。

伊藤氏は、防火の鳥とされる赤鷩・鴖・鵸鵌・竊脂などにも、火の神・回禄のように祭祀を受けて正の存在となるような、後世忘れ去られた価値転換の歴史があったのかもしれないと述べる（本書一九五～二〇二頁）。では、有翼で袋状の神帝江には、どのような来歴があったのだろうか。帝江の名は、他の伝世文献にはほとんど見られず、その神話伝説はもはや失われたものともいわれるが[1]、『山海経』の記述のわずかな手がかりから、その背景を探っていきたい。

# 一——帝江とは何者か

## (1)帝江と渾沌

袋のような姿で、渾沌として目も顔もない……という姿から連想される神がいる。『荘子』応帝王にあらわれる帝・渾沌《こんとん》である。

南海の帝は儵《しゆく》、北海の帝は忽《こつ》、中央の帝は渾沌という。儵と忽は一緒に渾沌の地で会うと、渾沌は大変良くもてなした。儵と忽は、渾沌の徳に報いようと「人には皆七つの穴があり、これで見聞きし、飲食、呼吸をしている。ただ渾沌にはこれがない。試しにこの穴を開けてみよう」と相談した。そこで、毎日穴をひとつずつ開けていくと、七日目で渾沌は死んでしまった。

のっぺらぼうの帝渾沌と、袋のような帝江の姿はよく似ており、晋の郭璞も、『荘子』はこの帝江をもとに寓言したのではないかと注している。(2)

山経の記述は、前の山からの方角・里程・山名・その山に産する草木や鉱物などからなり、非常に簡潔であるのに比べて、帝江が登場する西次三経は、帝の下界の都とされる昆侖之丘や、豹の尻尾に虎の歯を持ち、髪を振り乱して咆哮する西王母など、神話的色彩が濃く、他の経文とは色合いが異なるため、神仙家や黄老学派との関係が指摘されている。[3] 帝江に関する記述も、類似した帝の姿が『荘子』にも見られるので、その背景には神仙家や黄老学派の思想があるのかもしれない。ただ、『山海経』における帝江の背景にそのような特定の思想があるとしても、帝江という天山の神が、ある思想家によって、まったく無の状態から作り上げられたものとは考えがたい。なぜなら、帝江が天山の神とされるには、この記述が生まれた時点で、その山に対する祭祀の中で、巫祝らが神の姿を再現するということがあったはずだからである。

### (2)帝江と帝鴻の不才の子・渾敦

帝江にはもうひとつ同一性を指摘される神がいる。『左伝』文公十八年にみえる帝鴻とその子渾敦である。

昔、帝鴻氏には不肖の子がいた。賊を隠匿し、悪行を好み……天下の人々はこれを渾敦と呼んだ。……舜が尭に仕えると、四方の門を開いて、四凶族である渾敦・窮奇《きゆうき》・檮杌《とうこつ》・饕餮《とうてつ》を流罪にし、辺境に追放して魑魅を防がせた。これによって、尭が崩御しても天下がひとつにまとまっているのだ。

帝鴻氏の子は凶悪で人々に渾敦と呼ばれていた。そのため舜によって放逐され辺境の防御となったという伝承である。清朝の考証学者畢沅《ひつげん》は、帝江は『左伝』の帝鴻であるとし、『山海経』の帝江に関する記述は、帝鴻氏の子のことであろうとする。

前野直彬氏は畢沅の説に対し、「この説は重視すべきであろう。帝鴻氏の子が天山に放逐され、またはこの山で殺され、神となってとどまったという神話が語られていたに相違なく、「歌舞を識る」とあるのも、以前の乱行と関係をもつ伝承かもしれない」(4)と示唆する。前野氏は、帝江の歌舞と、渾敦の乱行との関係については詳しく述べていないが、歌舞を乱行のひとつとみなしているのかもしれない。

神の子が、その悪行によって山で処罰される記事は、本書(八一〜八二頁)にも引かれており、帝鴻氏の子ら四凶についても、伊藤氏は「はじめ払除の対象であった妖怪が、後に邪鬼を撃退する善の存在に転身する例」であると述べている(本書八四頁)。かりに渾敦が帝江であるとすれば、悪事を働く渾敦が、祭祀を受けることで辺境を守護し「内なる世界」に安寧をもたらす神に価値転換が起こった可能性が考えられよう。

また、海外西経には争乱と舞の神の記述がある。

形天は帝と争い此れに至り神を争う。帝其の首を断ち、これを常羊の山に葬る。乃ち乳をもって目となし、臍をもって口となし、干戚を操りもって舞う。

形天の場合、干戚（盾と斧）を持って舞うのは処刑後の姿である。後述するように、この舞は、形天が起こした争乱に起因するものであり、前野氏はこのような舞を想定しているのであろうか。

さらに、帝江がどの神に同定されるかという問題について、袁珂氏は、『左伝』文公十八年の杜預注に「帝鴻、黄帝なり」とあり、黄帝は中央を司ること、『荘子』の渾沌が中央の帝であることによって、帝江は帝鴻であり黄帝であるとする。古代の伝承は幾筋にも分岐し、また離散集合して変容していくものである。『山海経』の帝江と、『荘子』にみえる帝渾沌と、『左伝』の帝鴻の子の渾敦は、根源を同じくしている可能性もあり、それぞれまったく別の来歴を持った伝承である可能性もある。本稿でそれぞれの筋道をたどり、伝承の系譜を明らかにすることはきわめて困難であり、深追いは避けておきたい。

ただ、『山海経』における帝江の記述がどのような意味を持っていたかについてのみを探るにせよ、帝江は「歌舞を識る」と記されているため、少なくとも、その背景や性格には歌舞が強く関係しているであろうと思われる。そこで、山経における歌舞とはどのような性格を持っているのか考えたい。

## 二――五蔵山経に見える歌舞

では、山経において歌舞とはどのように記述されているのか見てみよう。帝江の条を除くと、「舞」「儛」に関する記述は以下のとおりである。

(I)鳳皇の歌舞

❶丹穴之山……ここに鳥有り、其の状は雞の如く、五采にして文あり。名づけて鳳皇という。首文を徳と曰い、翼文を義と曰い、背文を礼と曰い、膺文を仁と曰い、腹文を信と曰う。是の鳥や、飲食自然たりて、自ら歌い自ら舞う。見るれば則ち天下安寧なり。（南次三経）

(II)祭祀方法としての歌舞

❷首山、魈《しん》なり。其の祠は稌《いね》・黒犠・太牢の具・糵醸《あまざけ》を用う。干儛、鼓を置し、嬰は一璧を用う。（中次五経）

❸熊山は席なり。其の祠は酒を羞《すす》め、太牢の具もてし、嬰は毛・一璧。干儛は、兵を用い以て

禳う。祈るには璆《きゅう》、冕《べん》舞す。（中次九経）

❹騩《き》山は帝なり。其の祠は酒を羞め、太牢もてす。其れ巫祝二人を合わせて儛《ま》う。嬰は一璧。（中次十経）

(I)鳳皇に類する鳥（鳳鳥・鸞鳥・五采鳥など）の歌舞の例は、大荒西経の「鸞鳳自ら歌い、鳳鳥自ら舞う。ここに百獣有り、相い群れて是に処る。是れ沃之野と謂う」など、海経にも複数の記述があり、みな等しく楽園の表現といっていいだろう。鳳皇の類を瑞祥とみなすことは『詩経』大雅・巻阿「鳳皇ここに飛び、翽翽《かいかい》たる其の羽、また集いてここに止む」の鄭玄注「鳳皇は霊鳥にして仁瑞なり」や、『呂氏春秋』開春論・開春の「王は其の徳を厚くし、善を積衆し、而して鳳皇・聖人皆な来《き》至るなり」などにも記されている。特に漢代以降は讖緯説と結びつき、史書にもその出現が多く記述された(5)。

伊藤氏も、(I)―❶にみえる鳳皇の徳目象徴説は、後世のこじつけであり、漢代学者の加筆と考えられるが、特定の奇獣異鳥の出現を歓迎する発想はずいぶん古い時代からあったと見られ、鳳皇もそのひとつであるとしている。そして、鳳凰や鸞鳥は瑞応思想に組み込まれるはるか以前に、民間において好ましい動物とされ、その出現が待望されたと述べる。鳳凰も、本質的には他の妖怪・鬼神と同じく「外なる空間」におり、ときに「内なる世界」に出現して、その秩序に関わりを持つ存在であり、後世の付加と思われる徳目も、この山鳥が本来合成的な異形の、非世俗的な存在であったとする（本書二〇五〜二〇八頁）。

鳳凰のような瑞祥動物は、時代が下るにつれて様々な徳目が付加されていくが、松田稔氏も『山海経』における鳳皇は、より素朴な段階であるとみなしている。また、松田氏は、帝江の歌舞についても(I)の「自ら歌い自ら舞う」の記述と関係するものとし、歌舞することを物事の極めて穏やかな和らいだ状態を示すものとする。(6) 山経における鳳皇は、本来正負両様の性格を有していたとしても、出現すれば「天下安寧」であると記されていることから、「内なる世界」に安寧をもたらす正の存在とされたことは確かである。

(II)祭祀方法としての歌舞の「干儛」とは(II)―❸に「干儛は、兵を用い以て禳す」の郭璞注に「禳、祓除の祭名。儛は盾を持ち武舞するなり」とあることから、前述した形天のように武器を持って舞う武舞であり、祓いのために舞われたものと考えられる。松岡正子氏がすでに指摘しているが、(II)―❸にみえる熊山は、

ここに穴あり。熊の穴、恒に神人出づ。夏啓きて冬閉ず。是の穴や、冬啓けば乃ち必ず兵有り。（中次九経）

とあり、戦に関わる伝承を持つ地であり、その山への祭祀として、戦の発生を防ぐため、神を祓い鎮める武舞が行われたものと考えられる。松岡氏は、形天の舞や干舞を戦いの祭祀に関わる

武舞であり、「形天という敗者の将に仮託して行われた敵の神霊を圧伏するための呪的な舞とし、祝勝時に征服者に対して献げられた舞ではないかとみ」[7]ている。このような舞は、他にも『淮南子』繆称訓に「故に禹幹戚を執り、両階の間に舞う、而して三苗服す」と、禹が戦わずして三苗を服せしめたという伝説がある。かりに、帝江の舞がこのような武舞であるとすれば、その背景には、帝鴻の不才の子で辺境に流されたとされる伝説を持つ渾敦のように、帝江に何らかの争乱を起こし、鎮めの武舞が行われたという伝承が帝江にもあった可能性は一概に否定しがたい。しかし、帝江は「歌舞を識る」と記されているのであり、『山海経』全体において歌が伴う舞の記述は、松田氏が指摘するように、非常に和らいだ楽園的な表現でしか見られない。そのため、帝江の歌舞は、武舞ではなく、(I)の鳳皇の舞に近い性格を持つものと考えたい。

## 三――鳥の舞

次に、帝江が有翼の神であることに注目したい。帝江は四翼の神であり、清朝の学者で『山海経箋疏』を著した郝懿行は、『初学記』と『文選』に従って経文の「焉《ここ》に神有り(有神焉)」を「神鳥有り(有神鳥)」の誤りとしている。これに従えば、帝江の歌舞はやはり(I)鳳皇の舞に近いといえよう。(I)鳳皇の舞や『穆天子伝』巻五の「ここに白鶴二八を舞わす」、『呂氏春秋』仲夏紀・古楽の「因りて鳳鳥・天翟をして之を舞わしむ」など、鳥類と舞は非常に結びつきが強い。伊藤氏は、「中国古代の祭儀と仮装」の中で、「舞」の字は何者かの姿に扮して仮装し、舞を舞った象形文字であろうと釈字しており、特に鳥類に扮装する習俗は少なくなかったとして、沂南漢墓中室東壁横額画像石の楽舞百戯図(図1)を挙げている。(8) ここに描かれた鳳凰は、明らかに人間が扮装したものである。また、同じ場面に異形の姿をした舞い手(左上)が描かれていることからも、伊藤氏が指摘するように、鳳凰も、本質的には他の妖怪・鬼神と同じく「外なる空間」にいる合成的な異形の存在であったこと示していよう。さらに伊藤氏は、『穆天子伝』の記述や『詩経』大雅・巻阿「鳳皇ここに飛び……」などにみられる鳳皇も、実はそれらの仮装をした踊り手の存在を示すのではないかと

推測しており、祭祀における舞い手の仮装について、「もともとは祭られる神々の側に無縁のものではない」と見ている。(9)

鳥の羽をまとった神の姿は、一九八六年に発掘が始まった反山の良渚文化墓群から出土した玉琮(図2)にも描かれている。(10)林巳奈夫氏によれば、上の逆梯形の頭を持つ人間形の神から出る放射線状の筋は、鳥の長羽を表しており、この羽冠をかぶった神と下の大きな目を持つ神とを、火神と太陽神が一体化した姿とする。(11)このような神の存在は、伊藤氏が、祭祀における踊り手の仮装を神の姿の模倣としたものとする説を傍証するものであろう。

文献にも鳥に扮する舞が見える。『周礼』春官・楽師「凡そ舞には、帗舞有り、羽舞有り、皇舞

図1…沂南漢墓中室東壁横額画像

図2…良渚文化反山遺址玉琮

有り、旄舞有り、干舞有り、人舞有り」に鄭玄は「鄭司農云うに、帗舞は全羽。羽舞は析羽。皇舞は羽を以て頭を冒覆し、上衣は翡翠の羽を飾る。……皇は五采の羽を雑じえること鳳皇の色の如くして持ちて以て舞う」と注しており、衣装に色とりどりの羽飾りをつける舞があったものと考えられる。特に「皇舞」は、鄭玄の頃には鳳皇のような五色の羽飾りをつけて舞ったものと考えられていた。このような舞は、まさに伊藤氏が想定されたように、鳳皇の姿を模した舞といえる。鳥の仮装について、伊藤氏は『山海経』の鳳皇や帝江には言及していないが、『山海経』に巫祝の山川祭祀や呪的宗教的生活が投影されているとすれば（本書一六四頁）、伊藤氏の説は『山海経』の記述にも適用しうるだろう。

　中国古代の伝説には、『史記』殷本紀の「殷の契は母を簡狄と曰う。有娀氏の女にして、帝嚳の次妃と為る。三人浴に行き、玄鳥其卵を堕とすを見る。簡狄取りて之を呑み、因りて孕み契を生む」という殷の玄鳥始祖伝説や、『墨子』非攻下の「赤鳥珪を銜え、周の岐社に降りて曰く、天命や周文王殷を伐ち国を有すと」という周の岐社に赤鳥が降ったという伝説、『左伝』昭公十七年「我が高祖少皞摯の立つや、鳳鳥適き至る。故に鳥を紀とす」という春秋時代、東方の小国である郯が鳥を徽章としているという伝説など、鳥にまつわる伝説がいたるところにみられる。赤塚忠氏は、殷代における鳳凰は、神の使者として「帝の部務を掌る呪術的神霊」であり、これを吉事とするのは西周初期ごろであろうと推測する。[12] つまり、鳥に扮した舞は、神あるいはその使者の示現であり、五色の羽を身につけて舞う『周礼』の「皇舞」は、山経にみえる(I)自ら歌い自ら舞う鳳皇の具現化とも考えられるのである。

また、赤塚氏は『周礼』にみえる羽飾りをまとった舞は、農耕祭祀における鳥に穀物豊穣の吉霊の出現を見る模倣舞から起こったと見ている。[13] しかし、『山海経』にあらわれる鳥たちは、太陽を象徴するような火の鳥の他に、干ばつをもたらす鵔鳥《しゅん》(本書八一頁)、大疫をもたらす跂踵《きしょう》(本書三八頁)、悪夢撃退の呪鳥である鴒鸚《れいよう》や鵸鵌《いよ》(本書一三三頁)など、正負両様の様々な性格を有しているため、穀霊としての性格はその一側面にすぎない。

『山海経』は、「外なる世界」についての記述である。「外なる世界」の財物を獲得するためには、鬼神の領域に足を踏み入れなければならない。このような場合、伊藤氏は、そこに住まう妖怪・鬼神の怒りを避けるために、それぞれの山川の鬼神への祭祀が必要であると述べる(本書二二〇〜二二一頁)。『山海経』における歌舞は、赤塚氏が述べるような農耕に限ったものではなく、そこに住まう妖怪・鬼神の神聖な領域を侵すことに対して、彼らの怒りを鎮め宥恕を請うための歌舞であろう。

## 四――帝江への舞

以上に、『山海経』の鳳皇の舞が、巫祝の舞を示している可能性を指摘した。山経は、それぞれの山に住まう固有の神々の所在やその姿、さらに断片的ではあるが、その背景となる伝承をも記録したものであり、その記述に対応した固有の祭祀が行われていたと推測される。山経における舞も、丹穴の山では五色の羽をつけて舞うことで神の姿を現し、熊山では戦を起こす神(神人)に勝利の武舞を捧げることで、神を鎮めんとしたのだろう。

では、帝江が「歌舞を識る」という記述にはどういう意味があるのだろうか。貝塚氏は「じつは耳目鼻口のないのっぺら顔の仮面をかぶって歌舞する神人であって、天帝江の尸であったと見るべきである」と述べる。(14) おそらく、天山の祭祀においては、貝塚氏が述べるように、巫祝が帝江の姿に扮して歌舞したものと考えられるが、「識」という記述にはまったく言及がない。「識」という語は、白川静氏によれば、音の「戠」が戈に呪飾を加えたもので、標識とする意があり、「識」はものを認知する能力をいうとされる。(15)「識」の語は、『山海経』には他に用例がないので、推測するしかないが、帝江は顔も目もないにも関わらず、歌舞は認知できるということではあるまいか。従って、帝江を祭るには歌舞を以てすべしとして、「歌舞を識る」と記録されたのではなかろうか。

## ――おわりに

帝江に関する伝説は『荘子』にあらわれる中央の帝・渾沌や、『左伝』の帝鴻氏の子・渾敦などと混在し、その来歴を求めることは困難であるが、試みに、有翼で歌舞を識るという『山海経』のわずかな記述から、その性格を探ってきた。『山海経』における舞は、祭祀において、神あるいはその使者である鳥の示現を表わした舞や、争乱を引き起こす山神を鎮めるための武舞を記録したものであり、いずれも固有の山川に対して行われる祭祀で神に捧げられた舞であろう。

天山の神である帝江の場合も、鳥の姿をした神であり、歌を伴うことから、前者に近い性格を帯びているものと考えられ、「歌舞を識る」という記述は、この顔も目もない神が、歌舞による祭祀を受けるということを示したものと思われるのである。

【注】

(1)前野直彬『全釈漢文大系　山海経・列仙伝』(集英社、一九七五年)一四五頁

(2)小川琢治(『支那歴史地理研究』弘文堂、一九二八年、二四七頁)や、貝塚茂樹(「神々の誕生」『貝塚茂樹著作集　第五巻』中央公論社、一九七六年、一二三頁)も、帝江と『荘子』の渾沌との同一性を指摘している。

(3)伊藤清司「『山海経』と玉」(『中国古代史研究　第五』雄山閣、一九八二年)、大野圭介「『山海経』五蔵三経と『管子』」(『富山大学人文学部紀要』第四九号、二〇〇八年)

(4)前野直彬、前掲書、一四五頁

(5)松浦史子「鳳凰に似る四羽の凶鳥」の来歴について」(『漢魏六朝における『山海経』の受容とその展開』汲古書院、二〇一二年)二三八～二三九頁

(6)松田稔「『山海経』の鳳皇の系譜」(『『山海経』の比較研究』笠間書院、二〇〇六年)二〇五頁

(7)松岡正子「形天―『山海経』における「尸」と「舞」について―」(『中国詩文論叢』第二集、一九八二年)

(8)伊藤清司「中国古代の祭儀と仮装」(『史学』第三〇巻第一号、一九五七年)

(9)伊藤清司(一九五七年)

(10)新石器時代文化に属する良渚文化遺跡の発掘は一九三六年から始まり、琮など精巧な玉器を多く出土したことで知られる。鳥を象った玉鳥もこの文化の特徴のひとつである。一九八六年に発掘された反山(浙江省文物考古研究所編著『反山』文物出版社、二〇〇五年)や、一九八七年に発掘が始まった瑶山などからも出土している(同編著『瑶山』文物出版社、二〇〇三年)。

(11)林巳奈夫『中国古代の神々』(吉川弘文館、二〇〇二年)五~七頁
(12)赤塚忠「かささぎのわたせる橋—振鷺の舞と鳥の「興」—」(『赤塚忠著作集　五　詩経研究』研文社、一九八六年)三七六~三七八頁
(13)赤塚忠、前掲論文、三九一頁、三九九~四〇〇頁
(14)貝塚茂樹、前掲書、同頁
(15)白川静『字統　普及版』(平凡社、一九九四年)三八六頁

【図版出典】

図1　中国画像石全集編輯委員会編『中国画像石全集　一』(河南美術出版社、山東美術出版社、二〇〇〇年)
図2　浙江省文物考古研究所反山考古隊「浙江余杭反山良渚墓地発掘簡報」(『文物』一九八八年第一期)

東方選書

# 中国《ちゅうごく》の神獣《しんじゅう》・悪鬼《あっき》たち 山海経の世界【増補改訂版】 東方選書44

二〇一三年六月二〇日 初版第一刷発行
二〇二五年五月二〇日 初版第四刷発行

著 者……伊藤清司
編 者……慶應義塾大学 古代中国研究会

発行者……間宮伸典
発行所……株式会社東方書店
東京都千代田区神田神保町一-三 〒一〇一-〇〇五一
電話(〇三)三二九四-一〇〇一
営業電話(〇三)三九三七-〇三〇〇
ブックデザイン……鈴木一誌・桜井雄一郎
印刷・製本……(株)シナノパブリッシングプレス
定価はカバーに表示してあります



ISBN 978-4-497-21307-5 C0325



https://www.toho-shoten.co.jp/

## 東方選書

四六判・並製　＊価格10％税込

〈64〉
### 大地からの中国史
史料に語らせよう
大澤正昭著／税込二六四〇円 978-4-497-22501-6

〈63〉
### 中国文学の歴史
元明清の白話文学
小松謙著／税込二六四〇円 978-4-497-22415-6

〈62〉
### 清代知識人が語る官僚人生
山本英史著／税込二六四〇円 978-4-497-22405-7

〈61〉
### 歴史と文学のはざまで
唐代伝奇の実像を求めて
高橋文治著／税込二六四〇円 978-4-497-22316-6

〈60〉
### 周縁の三国志
非漢族にとっての三国時代
関尾史郎著／税込二六四〇円 978-4-497-22307-4

〈59〉
### 中国語とはどのような言語か
橋本陽介著／税込二六四〇円 978-4-497-22210-7

〈58〉
### 漢とは何か
岡田和一郎・永田拓治編／税込二四二〇円 978-4-497-22203-9

〈57〉
### 漢字の音〈おん〉
中国から日本、古代から現代へ
落合淳思著／税込二六四〇円 978-4-497-22201-5

東方書店ホームページ〈中国・本の情報館〉https://www.toho-shoten.co.jp/